눈으로 읽고 마음으로 옮겨쓰는

마태 • 마가

[Matthew] [Mark]

시작한 날 : 년 월 일

끝마친 날 : 년 월 일

❖ 왼쪽면을 따라쓰실 때 반을 접어서 쓰시면 훨씬 수월합니다.

마태복음

저자는 레위라는 열 두 사도 중의 한 사람인 마태가 기록한 복음서이며 직업은 세리였다. (9:9-13)기록한 시기는 A.D 58-68년 경에 기록이 되었으며 기록한 장소는 팔레스타인이다.

마태복음의 핵심 내용은 유대인 수신자들에게 예수님이 만왕의 왕이시며 그들의 메시아이심을 증명하려는 것이다. 예수 그리스도께서 구약에 미리 약속된 메시아이며, 다윗의 자손으로 오신 왕이시며, 하나님께서 주신 율법을 완성하신 분으로 묘사되고 있다.

그래서 마태는 구약 성경을 많이 인용함으로(93회) 예수님의 삶과 사역이 구약의 예언된 말씀들을 성취하려 오셨다는 것을 보여 주었다.

특히 예수님은 아브라함을 통해 다윗의 혈통(18번 사용함)으로 오셨음을 강조하고 있다. 이는 구약의 모든 예언을 성취하러 오신 이스라엘 왕이심을 서술하기 위함이다.

마태는 메시아에 관한 구약의 예언들이 어떻게 예수님의 생애를 통해 성취되었는지에 초점을 맞추고 있다. 더 나아가 예수님에 의해서 율법을 폐한 것이 아니라 오히려 완성하려 오셨음을 강조하고 있다.(마 5:17) 또한 교회에 대하여 매우 강조하고 있다. 마태복음에서만 교회(에클레시아)라는 용어가 나온다.

특징으로는

28장 1,071절 23,684 단어

모세 오경의 원리를 따라 마태복음도 5권의 형태로 구분하고 있다.

예수께서... 마치시며

마 7:28, 마 11:1, 마 13:53, 마 19:1, 마 26:1

예수님의 재림에 대한 가르침이 가장 상세하게 포함되어 있다.

도표로 정리하면 다음과 같다

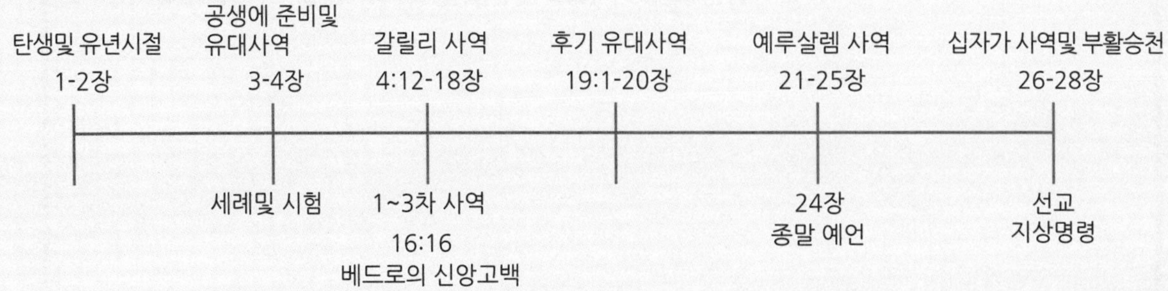

마가복음

저자는 마가로서 '큰 망치' 라는 뜻을 가지고 있으며 유대식 이름으로는 요한이기도 하며 오순절날 성령이 임했던 다락방의 주인인 마리아의 아들이기도 하다.(행 12:12)

그의 외삼촌은 바울의 동역자 이기도 했던 바나바이며(골 4:10) 예수님의 수제자였던 베드로의 영적 아들이기도 하다.(벧전 5:13) 기록한 시기는 A.D 65-70년 사이로 추정되며 기록한 장소는 로마이다. 마가는 말년에 알렉산드리아 교회를 세우고 이집트의 선교 활동에 전념하며 헌신하다가 순교한 것으로 전해진다.

마가복음의 구조 [주제: 종으로 오신 예수님(막 10:45)]
종으로 오신 예수님(1:1-13)
섬기러 오신 예수님(1:14-8:30)
고난 당하신 예수님(8:31-15:47)
승리하신 예수님(16:1-20)

특징으로는
1) 예수님을 '하나님의 아들'로 이 땅에 오셔서 천국의 비밀과 하나님 나라의 확장을 위해 고난과 십자가를 지신 분으로 묘사하고 있다.(1:1; 15:39)
2) 문체가 간결하며 생동감 있게 표현하고 있다.
3) 감정 묘사가 매우 사실적이다.
4) 아람어가 자주 나온다.(보아너게, 달리다굼, 에바다, 아바, 엘리 엘리 라마 사박다니)
5) 구약의 인용이 적게 나온다.(로마인들을 대상으로 기록되었기 때문에)
6)예수님의 수난 기사가 중심을 이루고 있다.
7) 핵심단어인 '곧' '즉시'란 말이 40회 이상 사용되었다.

도표로 정리하면 다음과 같다

갈릴리 사역	상경기	예루살렘 사역(수난과 죽음과 부활)
1-9장	10장	11-16장

마태복음

예수 그리스도의 계보(눅 3:23-38)

1

1 아브라함과 다윗의 자손 예수 그
리스도의 계보라
2 아브라함이 이삭을 낳고 이삭은 야곱
을 낳고 야곱은 유다와 그의 형제들
을 낳고
3 유다는 다말에게서 베레스와 세라를
낳고 베레스는 헤스론을 낳고 헤스론
은 람을 낳고
4 람은 아미나답을 낳고 아미나답은 나
손을 낳고 나손은 살몬을 낳고
5 살몬은 라합에게서 보아스를 낳고 보
아스는 룻에게서 오벳을 낳고 오벳은
이새를 낳고
6 이새는 다윗 왕을 낳으니라
○ 다윗은 우리야의 아내에게서 솔로
몬을 낳고
7 솔로몬은 르호보암을 낳고 르호보암은
아비야를 낳고 아비야는 아사를 낳고
8 아사는 여호사밧을 낳고 여호사밧은
요람을 낳고 요람은 웃시야를 낳고
9 웃시야는 요담을 낳고 요담은 아하스
를 낳고 아하스는 히스기야를 낳고
10 히스기야는 므낫세를 낳고 므낫세는

1】

2】

3】

4】

5】

6】

7】

8】

9】

10】

아몬을 낳고 아몬은 요시야를 낳고
11 바벨론으로 사로잡혀 갈 때에 요시야
는 여고냐와 그의 형제들을 낳으니라
12 ○ 바벨론으로 사로잡혀 간 후에 여
고냐는 스알디엘을 낳고 스알디엘은
스룹바벨을 낳고
13 스룹바벨은 아비훗을 낳고 아비훗은
엘리아김을 낳고 엘리아김은 아소르
를 낳고
14 아소르는 사독을 낳고 사독은 아킴을
낳고 아킴은 엘리웃을 낳고
15 엘리웃은 엘르아살을 낳고 엘르아살
은 맛단을 낳고 맛단은 야곱을 낳고
16 야곱은 마리아의 남편 요셉을 낳았으
니 마리아에게서 그리스도라 칭하는
예수가 나시니라
17 ○ 그런즉 모든 대 수가 아브라함부
터 다윗까지 열네 대요 다윗부터 바
벨론으로 사로잡혀 갈 때까지 열네
대요 바벨론으로 사로잡혀 간 후부터
그리스도까지 열네 대더라

예수 그리스도의 나심(눅 2:1-7)

18 ○ 예수 그리스도의 나심은 이러하니
라 그의 어머니 마리아가 요셉과 약
혼하고 동거하기 전에 성령으로 잉태
된 것이 나타났더니
19 그의 남편 요셉은 의로운 사람이라

그를 드러내지 아니하고 가만히 끊고
자 하여
20 이 일을 생각할 때에 주의 사자가 현몽하
여 이르되 다윗의 자손 요셉아 네 아내
마리아 데려오기를 무서워하지 말라 그
에게 잉태된 자는 성령으로 된 것이라
21 아들을 낳으리니 이름을 예수라 하라
이는 그가 자기 백성을 그들의 죄에
서 구원할 자이심이라 하니라
22 이 모든 일이 된 것은 주께서 선지자로
하신 말씀을 이루려 하심이니 이르시되
23 보라 처녀가 잉태하여 아들을 낳을
것이요 그의 이름은 임마누엘이라 하
리라 하셨으니 이를 번역한즉 하나님
이 우리와 함께 계시다 함이라
24 요셉이 잠에서 깨어 일어나 주의 사
자의 분부대로 행하여 그의 아내를
데려왔으나
25 아들을 낳기까지 동침하지 아니하더
니 낳으매 이름을 예수라 하니라

20】
21】
22】
23】
24】
25】

동방으로부터 박사들이 경배하러 오다

2 1 헤롯 왕 때에 예수께서 유대 베들
레헴에서 나시매 동방으로부터 박
사들이 예루살렘에 이르러 말하되
2 유대인의 왕으로 나신 이가 어디 계
시냐 우리가 동방에서 그의 별을 보

1】
2】

고 그에게 경배하러 왔노라 하니
3 헤롯 왕과 온 예루살렘이 듣고 소동
한지라
4 왕이 모든 대제사장과 백성의 서기관
들을 모아 그리스도가 어디서 나겠느
냐 물으니
5 이르되 유대 베들레헴이오니 이는 선
지자로 이렇게 기록된 바
6 또 유대 땅 베들레헴아 너는 유대 고
을 중에서 가장 작지 아니하도다 네게
서 한 다스리는 자가 나와서 내 백성
이스라엘의 목자가 되리라 하였음이
니이다
7 이에 헤롯이 가만히 박사들을 불러
별이 나타난 때를 자세히 묻고
8 베들레헴으로 보내며 이르되 가서 아
기에 대하여 자세히 알아보고 찾거든
내게 고하여 나도 가서 그에게 경배하
게 하라
9 박사들이 왕의 말을 듣고 갈새 동방에
서 보던 그 별이 문득 앞서 인도하여
가다가 아기 있는 곳 위에 머물러 서
있는지라
10 그들이 별을 보고 매우 크게 기뻐하
고 기뻐하더라
11 집에 들어가 아기와 그의 어머니 마
리아가 함께 있는 것을 보고 엎드려

3】

4】

5】

6】

7】

8】

9】

10】

11】

아기께 경배하고 보배합을 열어 황금
과 유향과 몰약을 예물로 드리니라
12 그들은 꿈에 헤롯에게로 돌아가지 말
라 지시하심을 받아 다른 길로 고국
에 돌아가니라

애굽으로 피하다

13 ○ 그들이 떠난 후에 주의 사자가 요
셉에게 현몽하여 이르되 헤롯이 아기
를 찾아 죽이려 하니 일어나 아기와
그의 어머니를 데리고 애굽으로 피하
여 내가 네게 이르기까지 거기 있으
라 하시니
14 요셉이 일어나서 밤에 아기와 그의
어머니를 데리고 애굽으로 떠나가
15 헤롯이 죽기까지 거기 있었으니 이는
주께서 선지자를 통하여 말씀하신 바
애굽으로부터 내 아들을 불렀다 함을
이루려 하심이라
16 이에 헤롯이 박사들에게 속은 줄 알고
심히 노하여 사람을 보내어 베들레헴과
그 모든 지경 안에 있는 사내아이를 박
사들에게 자세히 알아본 그 때를 기준
하여 두 살부터 그 아래로 다 죽이니
17 이에 선지자 예레미야를 통하여 말씀
하신 바
18 라마에서 슬퍼하며 크게 통곡하는 소
리가 들리니 라헬이 그 자식을 위하

12】

13】

14】

15】

16】

17】

18】

여 애곡하는 것이라 그가 자식이 없
으므로 위로 받기를 거절하였도다 함
이 이루어졌느니라

애굽에서 이스라엘 땅으로

19 ○ 헤롯이 죽은 후에 주의 사자가 애
굽에서 요셉에게 현몽하여 이르되
20 일어나 아기와 그의 어머니를 데리
고 이스라엘 땅으로 가라 아기의 목숨
을 찾던 자들이 죽었느니라 하시니
21 요셉이 일어나 아기와 그의 어머니를
데리고 이스라엘 땅으로 들어가니라
22 그러나 아켈라오가 그의 아버지 헤롯
을 이어 유대의 임금 됨을 듣고 거기
로 가기를 무서워하더니 꿈에 지시하
심을 받아 갈릴리 지방으로 떠나가
23 나사렛이란 동네에 가서 사니 이는 선
지자로 하신 말씀에 나사렛 사람이라
칭하리라 하심을 이루려 함이러라

19】

20】

21】

22】

23】

세례요한이 천국을 전파하다
(막 1:1-8; 눅 3:1-18; 요 1:19-28)

3 1 그 때에 세례 요한이 이르러 유대
광야에서 전파하여 말하되
2 회개하라 천국이 가까이 왔느니라 하
였으니
3 그는 선지자 이사야를 통하여 말씀하
신 자라 일렀으되 광야에 외치는 자
의 소리가 있어 이르되 너희는 주의

1】

2】

3】

길을 준비하라 그가 오실 길을 곧게
하라 하였느니라
4 이 요한은 낙타털 옷을 입고 허리에
가죽 띠를 띠고 음식은 메뚜기와 석
청이었더라
5 이 때에 예루살렘과 온 유대와 요단
강 사방에서 다 그에게 나아와
6 자기들의 죄를 자복하고 요단 강에서
그에게 세례를 받더니
7 요한이 많은 바리새인들과 사두개인
들이 세례 베푸는 데로 오는 것을 보고
이르되 독사의 자식들아 누가 너희를
가르쳐 임박한 진노를 피하라 하더냐
8 그러므로 회개에 합당한 열매를 맺고
9 속으로 아브라함이 우리 조상이라고
생각하지 말라 내가 너희에게 이르노
니 하나님이 능히 이 돌들로도 아브
라함의 자손이 되게 하시리라
10 이미 도끼가 나무 뿌리에 놓였으니
좋은 열매를 맺지 아니하는 나무마다
찍혀 불에 던져지리라
11 나는 너희로 회개하게 하기 위하여
물로 세례를 베풀거니와 내 뒤에 오
시는 이는 나보다 능력이 많으시니
나는 그의 신을 들기도 감당하지 못
하겠노라 그는 성령과 불로 너희에게
세례를 베푸실 것이요

4】
5】
6】
7】
8】
9】
10】
11】

12 손에 키를 들고 자기의 타작 마당을
정하게 하사 알곡은 모아 곳간에 들
이고 쭉정이는 꺼지지 않는 불에 태
우시리라

12】

세례를 받으시다(막 1:9-11; 눅 3:21-22)

13 ○ 이 때에 예수께서 갈릴리로부터
요단 강에 이르러 요한에게 세례를
받으려 하시니

13】

14 요한이 말려 이르되 내가 당신에게서
세례를 받아야 할 터인데 당신이 내
게로 오시나이까

14】

15 예수께서 대답하여 이르시되 이제 허
락하라 우리가 이와 같이 하여 모든
의를 이루는 것이 합당하니라 하시니
이에 요한이 허락하는지라

15】

16 예수께서 세례를 받으시고 곧 물에서
올라오실새 하늘이 열리고 하나님의
성령이 비둘기 같이 내려 자기 위에
임하심을 보시더니

16】

17 하늘로부터 소리가 있어 말씀하시되
이는 내 사랑하는 아들이요 내 기뻐
하는 자라 하시니라

17】

시험을 받으시다(막 1:12-13; 눅 4:1-13)

4

1 그 때에 예수께서 성령에게 이끌
리어 마귀에게 시험을 받으러 광
야로 가사

1】

2 사십 일을 밤낮으로 금식하신 후에
주리신지라
3 시험하는 자가 예수께 나아와서 이르
되 네가 만일 하나님의 아들이어든 명
하여 이 돌들로 떡덩이가 되게 하라
4 예수께서 대답하여 이르시되 기록되
었으되 사람이 떡으로만 살 것이 아
니요 하나님의 입으로부터 나오는 모
든 말씀으로 살 것이라 하였느니라
하시니
5 이에 마귀가 예수를 거룩한 성으로
데려다가 성전 꼭대기에 세우고
6 이르되 네가 만일 하나님의 아들이어
든 뛰어내리라 기록되었으되 그가 너
를 위하여 그의 사자들을 명하시리니
그들이 손으로 너를 받들어 발이 돌에
부딪치지 않게 하리로다 하였느니라
7 예수께서 이르시되 또 기록되었으되
주 너의 하나님을 시험하지 말라 하
였느니라 하시니
8 마귀가 또 그를 데리고 지극히 높은
산으로 가서 천하 만국과 그 영광을
보여
9 이르되 만일 내게 엎드려 경배하면
이 모든 것을 네게 주리라
10 이에 예수께서 말씀하시되 사탄아 물
러가라 기록되었으되 주 너의 하나님

2】

3】

4】

5】

6】

7】

8】

9】

10】

께 경배하고 다만 그를 섬기라 하였
느니라
11 이에 마귀는 예수를 떠나고 천사들이
나아와서 수종드니라

비로서 천국을 전파하시다(막 1:14-15; 눅 4:14-15)

12 ○ 예수께서 요한이 잡혔음을 들으시
고 갈릴리로 물러가셨다가
13 나사렛을 떠나 스불론과 납달리 지경
해변에 있는 가버나움에 가서 사시니
14 이는 선지자 이사야를 통하여 하신
말씀을 이루려 하심이라 일렀으되
15 스불론 땅과 납달리 땅과 요단 강 저
편 해변 길과 이방의 갈릴리여
16 흑암에 앉은 백성이 큰 빛을 보았고
사망의 땅과 그늘에 앉은 자들에게
빛이 비치었도다 하였느니라
17 ○ 이 때부터 예수께서 비로소 전파
하여 이르시되 회개하라 천국이 가까
이 왔느니라 하시더라

어부들을 부르시다(막 1:16-20; 눅 5:1-11)

18 ○ 갈릴리 해변에 다니시다가 두 형
제 곧 베드로라 하는 시몬과 그의 형
제 안드레가 바다에 그물 던지는 것
을 보시니 그들은 어부라
19 말씀하시되 나를 따라오라 내가 너희
를 사람을 낚는 어부가 되게 하리라
하시니

11】
12】
13】
14】
15】
16】
17】
18】
19】

20 그들이 곧 그물을 버려 두고 예수를
따르니라
21 거기서 더 가시다가 다른 두 형제 곧
세베대의 아들 야고보와 그의 형제 요
한이 그의 아버지 세베대와 함께 배에
서 그물 깁는 것을 보시고 부르시니
22 그들이 곧 배와 아버지를 버려 두고
예수를 따르니라

가르치시며 전파하시며 고치시다(눅 6:17-19)

23 ○ 예수께서 온 갈릴리에 두루 다니
사 그들의 회당에서 가르치시며 천국
복음을 전파하시며 백성 중의 모든
병과 모든 약한 것을 고치시니
24 그의 소문이 온 수리아에 퍼진지라
사람들이 모든 앓는 자 곧 각종 병에
걸려서 고통 당하는 자, 귀신 들린 자,
간질하는 자, 중풍병자들을 데려오니
그들을 고치시더라
25 갈릴리와 데가볼리와 예루살렘과 유
대와 요단 강 건너편에서 수많은 무
리가 따르니라

20】
21】
22】
23】
24】
25】

복이 있는 사람(눅 6:20-23)

5

1 예수께서 무리를 보시고 산에올라
가 앉으시니 제자들이 나아온지라
2 입을 열어 가르쳐 이르시되
3 심령이 가난한 자는 복이 있나니 천

1】
2】
3】

국이 그들의 것임이요
4 애통하는 자는 복이 있나니 그들이
위로를 받을 것임이요
5 온유한 자는 복이 있나니 그들이 땅
을 기업으로 받을 것임이요
6 의에 주리고 목마른 자는 복이 있나
니 그들이 배부를 것임이요
7 긍휼히 여기는 자는 복이 있나니 그
들이 긍휼히 여김을 받을 것임이요
8 마음이 청결한 자는 복이 있나니 그
들이 하나님을 볼 것임이요
9 화평하게 하는 자는 복이 있나니 그
들이 하나님의 아들이라 일컬음을 받
을 것임이요
10 의를 위하여 박해를 받은 자는 복이
있나니 천국이 그들의 것임이라
11 나로 말미암아 너희를 욕하고 박해하
고 거짓으로 너희를 거슬러 모든 악한
말을 할 때에는 너희에게 복이 있나니
12 기뻐하고 즐거워하라 하늘에서 너희
의 상이 큼이라 너희 전에 있던 선지
자들도 이같이 박해하였느니라

소금이요 빛이라 (막 9:50; 눅 14:34-35)

13 ○ 너희는 세상의 소금이니 소금이 만
일 그 맛을 잃으면 무엇으로 짜게 하
리요 후에는 아무 쓸 데 없어 다만 밖
에 버려져 사람에게 밟힐 뿐이니라

4】
5】
6】
7】
8】
9】
10】
11】
12】
13】

14 너희는 세상의 빛이라 산 위에 있는
동네가 숨겨지지 못할 것이요
15 사람이 등불을 켜서 말 아래에 두지
아니하고 등경 위에 두나니 이러므로
집 안 모든 사람에게 비치느니라
16 이같이 너희 빛이 사람 앞에 비치게
하여 그들로 너희 착한 행실을 보고
하늘에 계신 너희 아버지께 영광을
돌리게 하라

예수와 율법

17 ○ 내가 율법이나 선지자를 폐하러
온 줄로 생각하지 말라 폐하러 온 것
이 아니요 완전하게 하려 함이라
18 진실로 너희에게 이르노니 천지가 없
어지기 전에는 율법의 일점 일획도 결
코 없어지지 아니하고 다 이루리라
19 그러므로 누구든지 이 계명 중의 지
극히 작은 것 하나라도 버리고 또 그
같이 사람을 가르치는 자는 천국에서
지극히 작다 일컬음을 받을 것이요
누구든지 이를 행하며 가르치는 자는
천국에서 크다 일컬음을 받으리라
20 내가 너희에게 이르노니 너희 의가 서
기관과 바리새인보다 더 낫지 못하면
결코 천국에 들어가지 못하리라

노하지 말라

21 ○ 옛 사람에게 말한 바 살인하지 말

14】

15】

16】

17】

18】

19】

20】

21】

라 누구든지 살인하면 심판을 받게 되
리라 하였다는 것을 너희가 들었으나
22 나는 너희에게 이르노니 형제에게 노
하는 자마다 심판을 받게 되고 형제
를 대하여 라가라 하는 자는 공회에
잡혀가게 되고 미련한 놈이라 하는
자는 지옥 불에 들어가게 되리라
23 그러므로 예물을 제단에 드리려다가
거기서 네 형제에게 원망들을 만한
일이 있는 것이 생각나거든
24 예물을 제단 앞에 두고 먼저 가서 형
제와 화목하고 그 후에 와서 예물을
드리라
25 너를 고발하는 자와 함께 길에 있을
때에 급히 사화하라 그 고발하는 자
가 너를 재판관에게 내어 주고 재판
관이 옥리에게 내어 주어 옥에 가둘
까 염려하라
26 진실로 네게 이르노니 네가 한 푼이
라도 남김이 없이 다 갚기 전에는 결
코 거기서 나오지 못하리라

간음하지 말라(마 19:9; 막 10:11-12; 눅 16:18)

27 ○ 또 간음하지 말라 하였다는 것을
너희가 들었으나
28 나는 너희에게 이르노니 음욕을 품고
여자를 보는 자마다 마음에 이미 간
음하였느니라

22】

23】

24】

25】

26】

27】

28】

29 만일 네 오른 눈이 너로 실족하게 하
거든 빼어 내버리라 네 백체 중 하나
가 없어지고 온 몸이 지옥에 던져지
지 않는 것이 유익하며
30 또한 만일 네 오른손이 너로 실족하
게 하거든 찍어 내버리라 네 백체 중
하나가 없어지고 온 몸이 지옥에 던
져지지 않는 것이 유익하니라
31 또 일렀으되 누구든지 아내를 버리려
거든 이혼 증서를 줄 것이라 하였으나
32 나는 너희에게 이르노니 누구든지 음
행한 이유 없이 아내를 버리면 이는
그로 간음하게 함이요 또 누구든지
버림받은 여자에게 장가드는 자도 간
음함이니라

맹세하지 말라

33 ○ 또 옛 사람에게 말한 바 헛 맹세를
하지 말고 네 맹세한 것을 주께 지키
라 하였다는 것을 너희가 들었으나
34 나는 너희에게 이르노니 도무지 맹세
하지 말지니 하늘로도 하지 말라 이
는 하나님의 보좌임이요
35 땅으로도 하지 말라 이는 하나님의
발등상임이요 예루살렘으로도 하지
말라 이는 큰 임금의 성임이요
36 네 머리로도 하지 말라 이는 네가 한
터럭도 희고 검게 할 수 없음이라

29】

30】

31】

32】

33】

34】

35】

36】

37 오직 너희 말은 옳다 옳다, 아니라 아
니라 하라 이에서 지나는 것은 악으
로부터 나느니라

악한 자를 대적하지 말라(눅 6:29-30)

38 ○ 또 눈은 눈으로, 이는 이로 갚으라
하였다는 것을 너희가 들었으나
39 나는 너희에게 이르노니 악한 자를
대적하지 말라 누구든지 네 오른편
뺨을 치거든 왼편도 돌려 대며
40 또 너를 고발하여 속옷을 가지고자 하
는 자에게 겉옷까지도 가지게 하며
41 또 누구든지 너로 억지로 오 리를 가게
하거든 그 사람과 십 리를 동행하고
42 네게 구하는 자에게 주며 네게 꾸고
자 하는 자에게 거절하지 말라

원수를 사랑하라(눅 6:27-28, 32-36)

43 ○ 또 네 이웃을 사랑하고 네 원수를
미워하라 하였다는 것을 너희가 들었
으나
44 나는 너희에게 이르노니 너희 원수를
사랑하며 너희를 박해하는 자를 위하
여 기도하라
45 이같이 한즉 하늘에 계신 너희 아버지의
아들이 되리니 이는 하나님이 그 해를
악인과 선인에게 비추시며 비를 의로운
자와 불의한 자에게 내려주심이라
46 너희가 너희를 사랑하는 자를 사랑하

37】

38】

39】

40】

41】

42】

43】

44】

45】

46】

면 무슨 상이 있으리요 세리도 이같
이 아니하느냐
47 또 너희가 너희 형제에게만 문안하면
남보다 더하는 것이 무엇이냐 이방인
들도 이같이 아니하느냐
48 그러므로 하늘에 계신 너희 아버지의
온전하심과 같이 너희도 온전하라

47】

48】

구제함을 은밀하게 하라

6 1 사람에게 보이려고 그들 앞에서 너
희 의를 행하지 않도록 주의하라
그리하지 아니하면 하늘에 계신 너희
아버지께 상을 받지 못하느니라
2 ○ 그러므로 구제할 때에 외식하는 자
가 사람에게서 영광을 받으려고 회당과
거리에서 하는 것 같이 너희 앞에 나팔
을 불지 말라 진실로 너희에게 이르노
니 그들은 자기 상을 이미 받았느니라
3 너는 구제할 때에 오른손이 하는 것
을 왼손이 모르게 하여
4 네 구제함을 은밀하게 하라 은밀한 중에
보시는 너의 아버지께서 갚으시리라

너희는 이렇게 기도하라(눅 11:2-4)

5 ○ 또 너희는 기도할 때에 외식하는
자와 같이 하지 말라 그들은 사람에
게 보이려고 회당과 큰 거리 어귀에
서서 기도하기를 좋아하느니라 내가

1】

2】

3】

4】

5】

진실로 너희에게 이르노니 그들은 자
기 상을 이미 받았느니라
6 너는 기도할 때에 네 골방에 들어가
문을 닫고 은밀한 중에 계신 네 아버
지께 기도하라 은밀한 중에 보시는
네 아버지께서 갚으시리라
7 또 기도할 때에 이방인과 같이 중언
부언하지 말라 그들은 말을 많이 하
여야 들으실 줄 생각하느니라
8 그러므로 그들을 본받지 말라 구하기
전에 너희에게 있어야 할 것을 하나
님 너희 아버지께서 아시느니라
9 그러므로 너희는 이렇게 기도하라 하
늘에 계신 우리 아버지여 이름이 거
룩히 여김을 받으시오며
10 나라가 임하시오며 뜻이 하늘에서 이루
어진 것 같이 땅에서도 이루어지이다
11 오늘 우리에게 일용할 양식을 주시옵고
12 우리가 우리에게 죄 지은 자를 사하여
준 것 같이 우리 죄를 사하여 주시옵고
13 우리를 시험에 들게 하지 마시옵고
다만 악에서 구하시옵소서(나라와 권
세와 영광이 아버지께 영원히 있사옵
나이다 아멘)
14 너희가 사람의 잘못을 용서하면 너희
하늘 아버지께서도 너희 잘못을 용서
하시려니와

6】

7】

8】

9】

10】

11】

12】

13】

14】

15 너희가 사람의 잘못을 용서하지 아니
하면 너희 아버지께서도 너희 잘못을
용서하지 아니하시리라

외식으로 금식하지 말라

16 ○ 금식할 때에 너희는 외식하는 자
들과 같이 슬픈 기색을 보이지 말라
그들은 금식하는 것을 사람에게 보
이려고 얼굴을 흉하게 하느니라 내가
진실로 너희에게 이르노니 그들은 자
기 상을 이미 받았느니라
17 너는 금식할 때에 머리에 기름을 바
르고 얼굴을 씻으라
18 이는 금식하는 자로 사람에게 보이지
않고 오직 은밀한 중에 계신 네 아버
지께 보이게 하려 함이라 은밀한 중에
보시는 네 아버지께서 갚으시리라

보물을 하늘에 쌓아 두라
(눅 11:34-36; 12:22-34; 16:13)

19 ○ 너희를 위하여 보물을 땅에 쌓아
두지 말라 거기는 좀과 동록이 해하며
도둑이 구멍을 뚫고 도둑질하느니라
20 오직 너희를 위하여 보물을 하늘에
쌓아 두라 거기는 좀이나 동록이 해
하지 못하며 도둑이 구멍을 뚫지도
못하고 도둑질도 못하느니라
21 네 보물 있는 그 곳에는 네 마음도 있
느니라
22 눈은 몸의 등불이니 그러므로 네 눈

15】
16】
17】
18】
19】
20】
21】
22】

이 성하면 온 몸이 밝을 것이요
23 눈이 나쁘면 온 몸이 어두울 것이니
그러므로 네게 있는 빛이 어두우면
그 어둠이 얼마나 더하겠느냐
24 한 사람이 두 주인을 섬기지 못할 것
이니 혹 이를 미워하고 저를 사랑하
거나 혹 이를 중히 여기고 저를 경히
여김이라 너희가 하나님과 재물을 겸
하여 섬기지 못하느니라
25 그러므로 내가 너희에게 이르노니 목숨
을 위하여 무엇을 먹을까 무엇을 마실
까 몸을 위하여 무엇을 입을까 염려하
지 말라 목숨이 음식보다 중하지 아니
하며 몸이 의복보다 중하지 아니하냐
26 공중의 새를 보라 심지도 않고 거두지
도 않고 창고에 모아들이지도 아니하
되 너희 하늘 아버지께서 기르시나니
너희는 이것들보다 귀하지 아니하냐
27 너희 중에 누가 염려함으로 그 키를
한 자라도 더할 수 있겠느냐
28 또 너희가 어찌 의복을 위하여 염려
하느냐 들의 백합화가 어떻게 자라는
가 생각하여 보라 수고도 아니하고
길쌈도 아니하느니라
29 그러나 내가 너희에게 말하노니 솔로
몬의 모든 영광으로도 입은 것이 이
꽃 하나만 같지 못하였느니라

23】

24】

25】

26】

27】

28】

29】

30 오늘 있다가 내일 아궁이에 던져지는
들풀도 하나님이 이렇게 입히시거든
하물며 너희일까보냐 믿음이 작은 자
들아
31 그러므로 염려하여 이르기를 무엇을
먹을까 무엇을 마실까 무엇을 입을까
하지 말라
32 이는 다 이방인들이 구하는 것이라 너
희 하늘 아버지께서 이 모든 것이 너
희에게 있어야 할 줄을 아시느니라
33 그런즉 너희는 먼저 그의 나라와 그
의 의를 구하라 그리하면 이 모든 것
을 너희에게 더하시리라
34 그러므로 내일 일을 위하여 염려하지
말라 내일 일은 내일이 염려할 것이요
한 날의 괴로움은 그 날로 족하니라

30】

31】

32】

33】

34】

비판하지 말라(눅 6:37-38, 41-42)

7

1 비판을 받지 아니하려거든 비판하
지 말라
2 너희가 비판하는 그 비판으로 너희가
비판을 받을 것이요 너희가 헤아리는
그 헤아림으로 너희가 헤아림을 받을
것이니라
3 어찌하여 형제의 눈 속에 있는 티는
보고 네 눈 속에 있는 들보는 깨닫지
못하느냐

1】

2】

3】

년 월 일

4 보라 네 눈 속에 들보가 있는데 어찌
하여 형제에게 말하기를 나로 네 눈
속에 있는 티를 빼게 하라 하겠느냐
5 외식하는 자여 먼저 네 눈 속에서 들
보를 빼어라 그 후에야 밝히 보고 형
제의 눈 속에서 티를 빼리라
6 ○ 거룩한 것을 개에게 주지 말며 너
희 진주를 돼지 앞에 던지지 말라 그
들이 그것을 발로 밟고 돌이켜 너희
를 찢어 상하게 할까 염려하라

구하라 찾으라 문을 두드리라 (눅 11:9-13)

7 ○ 구하라 그리하면 너희에게 주실
것이요 찾으라 그리하면 찾아낼 것이
요 문을 두드리라 그리하면 너희에게
열릴 것이니
8 구하는 이마다 받을 것이요 찾는 이
는 찾아낼 것이요 두드리는 이에게는
열릴 것이니라
9 너희 중에 누가 아들이 떡을 달라 하
는데 돌을 주며
10 생선을 달라 하는데 뱀을 줄 사람이
있겠느냐
11 너희가 악한 자라도 좋은 것으로 자
식에게 줄 줄 알거든 하물며 하늘에
계신 너희 아버지께서 구하는 자에게
좋은 것으로 주시지 않겠느냐
12 그러므로 무엇이든지 남에게 대접을

4】

5】

6】

7】

8】

9】

10】

11】

12】

받고자 하는 대로 너희도 남을 대접
하라 이것이 율법이요 선지자니라

좁은 문(눅 13:24)

13 ○ 좁은 문으로 들어가라 멸망으로
인도하는 문은 크고 그 길이 넓어 그
리로 들어가는 자가 많고
14 생명으로 인도하는 문은 좁고 길이
협착하여 찾는 자가 적음이라

열매로 그들을 알리라(눅 6:43-44, 47-49; 13:25-27)

15 ○ 거짓 선지자들을 삼가라 양의 옷
을 입고 너희에게 나아오나 속에는
노략질하는 이리라
16 그들의 열매로 그들을 알지니 가시나
무에서 포도를, 또는 엉겅퀴에서 무화
과를 따겠느냐
17 이와 같이 좋은 나무마다 아름다운
열매를 맺고 못된 나무가 나쁜 열매
를 맺나니
18 좋은 나무가 나쁜 열매를 맺을 수 없
고 못된 나무가 아름다운 열매를 맺
을 수 없느니라
19 아름다운 열매를 맺지 아니하는 나무
마다 찍혀 불에 던져지느니라
20 이러므로 그들의 열매로 그들을 알리라
21 나더러 주여 주여 하는 자마다 다 천
국에 들어갈 것이 아니요 다만 하늘
에 계신 내 아버지의 뜻대로 행하는

13】

14】

15】

16】

17】

18】

19】

20】

21】

자라야 들어가리라
22 그 날에 많은 사람이 나더러 이르되
주여 주여 우리가 주의 이름으로 선
지자 노릇 하며 주의 이름으로 귀신
을 쫓아 내며 주의 이름으로 많은 권
능을 행하지 아니하였나이까 하리니
23 그 때에 내가 그들에게 밝히 말하되 내
가 너희를 도무지 알지 못하니 불법을
행하는 자들아 내게서 떠나가라 하리라
24 그러므로 누구든지 나의 이 말을 듣
고 행하는 자는 그 집을 반석 위에 지
은 지혜로운 사람 같으리니
25 비가 내리고 창수가 나고 바람이 불어
그 집에 부딪치되 무너지지 아니하나니
이는 주추를 반석 위에 놓은 까닭이요
26 나의 이 말을 듣고 행하지 아니하는
자는 그 집을 모래 위에 지은 어리석
은 사람 같으리니
27 비가 내리고 창수가 나고 바람이 불
어 그 집에 부딪치매 무너져 그 무너
짐이 심하니라

무리들이 가르치심에 놀라다

28 ○ 예수께서 이 말씀을 마치시매 무
리들이 그의 가르치심에 놀라니
29 이는 그 가르치시는 것이 권위 있는
자와 같고 그들의 서기관들과 같지
아니함일러라

22】

23】

24】

25】

26】

27】

28】

29】

나병환자를 깨끗하게 하시다
(막 1:40-45; 눅 5:12-16)

8 1 예수께서 산에서 내려 오시니 수많
은 무리가 따르니라
2 한 나병환자가 나아와 절하며 이르되
주여 원하시면 저를 깨끗하게 하실
수 있나이다 하거늘
3 예수께서 손을 내밀어 그에게 대시며
이르시되 내가 원하노니 깨끗함을 받
으라 하시니 즉시 그의 나병이 깨끗
하여진지라
4 예수께서 이르시되 삼가 아무에게도
이르지 말고 다만 가서 제사장에게
네 몸을 보이고 모세가 명한 예물을
드려 그들에게 입증하라 하시니라

백부장의 하인을 고치시다(눅 7:1-10; 요 4:43-54)

5 ○ 예수께서 가버나움에 들어가시니
한 백부장이 나아와 간구하여
6 이르되 주여 내 하인이 중풍병으로
집에 누워 몹시 괴로워하나이다
7 이르시되 내가 가서 고쳐 주리라
8 백부장이 대답하여 이르되 주여 내
집에 들어오심을 나는 감당하지 못하
겠사오니 다만 말씀으로만 하옵소서
그러면 내 하인이 낫겠사옵나이다
9 나도 남의 수하에 있는 사람이요 내
아래에도 군사가 있으니 이더러 가라
하면 가고 저더러 오라 하면 오고 내

1】

2】

3】

4】

5】

6】

7】

8】

9】

종더러 이것을 하라 하면 하나이다
10 예수께서 들으시고 놀랍게 여겨 따르
는 자들에게 이르시되 내가 진실로 너
희에게 이르노니 이스라엘 중 아무에게
서도 이만한 믿음을 보지 못하였노라
11 또 너희에게 이르노니 동 서로부터
많은 사람이 이르러 아브라함과 이삭
과 야곱과 함께 천국에 앉으려니와
12 그 나라의 본 자손들은 바깥 어두운
데 쫓겨나 거기서 울며 이를 갈게 되
리라
13 예수께서 백부장에게 이르시되 가라
네 믿은 대로 될지어다 하시니 그 즉
시 하인이 나으니라

많은 사람들을 다 고치시다(막 1:29-34; 눅 4:38-41)

14 ○ 예수께서 베드로의 집에 들어가사
그의 장모가 열병으로 앓아 누운 것
을 보시고
15 그의 손을 만지시니 열병이 떠나가고
여인이 일어나서 예수께 수종들더라
16 저물매 사람들이 귀신 들린 자를 많
이 데리고 예수께 오거늘 예수께서
말씀으로 귀신들을 쫓아 내시고 병든
자들을 다 고치시니
17 이는 선지자 이사야를 통하여 하신
말씀에 우리의 연약한 것을 친히 담
당하시고 병을 짊어지셨도다 함을 이

10】

11】

12】

13】

14】

15】

16】

17】

루려 하심이더라

나를 따르라(눅 9:57-62)

18 ○ 예수께서 무리가 자기를 에워싸는
것을 보시고 건너편으로 가기를 명하
시니라
19 한 서기관이 나아와 예수께 아뢰되
선생님이여 어디로 가시든지 저는 따
르리이다
20 예수께서 이르시되 여우도 굴이 있고
공중의 새도 거처가 있으되 인자는
머리 둘 곳이 없다 하시더라
21 제자 중에 또 한 사람이 이르되 주여
내가 먼저 가서 내 아버지를 장사하
게 허락하옵소서
22 예수께서 이르시되 죽은 자들이 그들
의 죽은 자들을 장사하게 하고 너는
나를 따르라 하시니라

바람과 바다를 잔잔하게 하시다
(막 4:35-41; 눅 8:22-25)

23 ○ 배에 오르시매 제자들이 따랐더니
24 바다에 큰 놀이 일어나 배가 물결에
덮이게 되었으되 예수께서는 주무시
는지라
25 그 제자들이 나아와 깨우며 이르되
주여 구원하소서 우리가 죽겠나이다
26 예수께서 이르시되 어찌하여 무서워
하느냐 믿음이 작은 자들아 하시고
곧 일어나사 바람과 바다를 꾸짖으시

18】
19】
20】
21】
22】
23】
24】
25】
26】

니 아주 잔잔하게 되거늘
27 그 사람들이 놀랍게 여겨 이르되 이
이가 어떠한 사람이기에 바람과 바다
도 순종하는가 하더라

귀신들린 두 사람을 고치시다
(막 5:1-20; 눅 8:26-39)

28 ○ 또 예수께서 건너편 가다라 지방
에 가시매 귀신 들린 자 둘이 무덤 사
이에서 나와 예수를 만나니 그들은
몹시 사나워 아무도 그 길로 지나갈
수 없을 지경이더라
29 이에 그들이 소리 질러 이르되 하나님
의 아들이여 우리가 당신과 무슨 상관
이 있나이까 때가 이르기 전에 우리를
괴롭게 하려고 여기 오셨나이까 하더니
30 마침 멀리서 많은 돼지 떼가 먹고 있
는지라
31 귀신들이 예수께 간구하여 이르되 만
일 우리를 쫓아 내시려면 돼지 떼에
들여 보내 주소서 하니
32 그들에게 가라 하시니 귀신들이 나와
서 돼지에게로 들어가는지라 온 떼가
비탈로 내리달아 바다에 들어가서 물
에서 몰사하거늘
33 치던 자들이 달아나 시내에 들어가 이
모든 일과 귀신 들린 자의 일을 고하니
34 온 시내가 예수를 만나려고 나가서 보
고 그 지방에서 떠나시기를 간구하더라

27】

28】

29】

30】

31】

32】

33】

34】

중풍병자를 고치시다(막 2:1-12; 눅 5:17-26)

9 1 예수께서 배에 오르사 건너가 본
동네에 이르시니
2 침상에 누운 중풍병자를 사람들이 데리
고 오거늘 예수께서 그들의 믿음을 보
시고 중풍병자에게 이르시되 작은 자
야 안심하라 네 죄 사함을 받았느니라
3 어떤 서기관들이 속으로 이르되 이
사람이 신성을 모독하도다
4 예수께서 그 생각을 아시고 이르시되
너희가 어찌하여 마음에 악한 생각을
하느냐
5 네 죄 사함을 받았느니라 하는 말과
일어나 걸어가라 하는 말 중에 어느
것이 쉽겠느냐
6 그러나 인자가 세상에서 죄를 사하는
권능이 있는 줄을 너희로 알게 하려
하노라 하시고 중풍병자에게 말씀하
시되 일어나 네 침상을 가지고 집으
로 가라 하시니
7 그가 일어나 집으로 돌아가거늘
8 무리가 보고 두려워하며 이런 권능을
사람에게 주신 하나님께 영광을 돌리
니라

마태를 부르시다(막 2:13-17; 눅 5:27-32)

9 ○ 예수께서 그 곳을 떠나 지나가시
다가 마태라 하는 사람이 세관에 앉

1】

2】

3】

4】

5】

6】

7】

8】

9】

아 있는 것을 보시고 이르시되 나를
따르라 하시니 일어나 따르니라
10 예수께서 마태의 집에서 앉아 음식
을 잡수실 때에 많은 세리와 죄인들
이 와서 예수와 그의 제자들과 함께
앉았더니
11 바리새인들이 보고 그의 제자들에게
이르되 어찌하여 너희 선생은 세리와
죄인들과 함께 잡수시느냐
12 예수께서 들으시고 이르시되 건강한
자에게는 의사가 쓸 데 없고 병든 자
에게라야 쓸 데 있느니라
13 너희는 가서 내가 긍휼을 원하고 제
사를 원하지 아니하노라 하신 뜻이
무엇인지 배우라 나는 의인을 부르러
온 것이 아니요 죄인을 부르러 왔노
라 하시니라

금식 논쟁(막 2:18-22; 눅 5:33-39)

14 ○ 그 때에 요한의 제자들이 예수께
나아와 이르되 우리와 바리새인들은
금식하는데 어찌하여 당신의 제자들
은 금식하지 아니하나이까
15 예수께서 그들에게 이르시되 혼인집
손님들이 신랑과 함께 있을 동안에
슬퍼할 수 있느냐 그러나 신랑을 빼
앗길 날이 이르리니 그 때에는 금식
할 것이니라

10】

11】

12】

13】

14】

15】

16 생베 조각을 낡은 옷에 붙이는 자가
없나니 이는 기운 것이 그 옷을 당기
어 해어짐이 더하게 됨이요
17 새 포도주를 낡은 가죽 부대에 넣지
아니하나니 그렇게 하면 부대가 터져
포도주도 쏟아지고 부대도 버리게 됨
이라 새 포도주는 새 부대에 넣어야
둘이 다 보전되느니라

한 관리의 딸과 예수의 옷을 만진 여자
(막 5:21-43; 눅 8:40-56)

18 ○ 예수께서 이 말씀을 하실 때에 한 관
리가 와서 절하며 이르되 내 딸이 방금
죽었사오나 오셔서 그 몸에 손을 얹어
주소서 그러면 살아나겠나이다 하니
19 예수께서 일어나 따라가시매 제자들
도 가더니
20 열두 해 동안이나 혈루증으로 앓는 여
자가 예수의 뒤로 와서 그 겉옷 가를
만지니
21 이는 제 마음에 그 겉옷만 만져도 구
원을 받겠다 함이라
22 예수께서 돌이켜 그를 보시며 이르시
되 딸아 안심하라 네 믿음이 너를 구
원하였다 하시니 여자가 그 즉시 구
원을 받으니라
23 예수께서 그 관리의 집에 가사 피리
부는 자들과 떠드는 무리를 보시고
24 이르시되 물러가라 이 소녀가 죽은것

16】
17】
18】
19】
20】
21】
22】
23】
24】

이 아니라 잔다 하시니 그들이 비웃
더라
25 무리를 내보낸 후에 예수께서 들어가사
소녀의 손을 잡으시매 일어나는지라
26 그 소문이 그 온 땅에 퍼지더라

맹인들의 눈을 뜨게 하시다

27 ○ 예수께서 거기에서 떠나가실새 두
맹인이 따라오며 소리 질러 이르되
다윗의 자손이여 우리를 불쌍히 여기
소서 하더니
28 예수께서 집에 들어가시매 맹인들이
그에게 나아오거늘 예수께서 이르시
되 내가 능히 이 일 할 줄을 믿느냐 대
답하되 주여 그러하오이다 하니
29 이에 예수께서 그들의 눈을 만지시며
이르시되 너희 믿음대로 되라 하시니
30 그 눈들이 밝아진지라 예수께서 엄히
경고하시되 삼가 아무에게도 알리지
말라 하셨으나
31 그들이 나가서 예수의 소문을 그 온
땅에 퍼뜨리니라

말 못하는 사람을 고치시다

32 ○ 그들이 나갈 때에 귀신 들려 말 못
하는 사람을 예수께 데려오니
33 귀신이 쫓겨나고 말 못하는 사람이
말하거늘 무리가 놀랍게 여겨 이르되
이스라엘 가운데서 이런 일을 본 적

25】
26】
27】
28】
29】
30】
31】
32】
33】

이 없다 하되
34 바리새인들은 이르되 그가 귀신의 왕
을 의지하여 귀신을 쫓아낸다 하더라

무리를 불쌍히 여기시다

35 ○ 예수께서 모든 도시와 마을에 두
루 다니사 그들의 회당에서 가르치시
며 천국 복음을 전파하시며 모든 병
과 모든 약한 것을 고치시니라
36 무리를 보시고 불쌍히 여기시니 이는
그들이 목자 없는 양과 같이 고생하
며 기진함이라
37 이에 제자들에게 이르시되 추수할 것
은 많되 일꾼이 적으니
38 그러므로 추수하는 주인에게 청하여
추수할 일꾼들을 보내 주소서 하라
하시니라

34】

35】

36】

37】

38】

열두 제자를 부르시다(막 3:13-19; 눅 6:12-16)

10
1 예수께서 그의 열두 제자를 부르사
더러운 귀신을 쫓아내며 모든 병
과 모든 약한 것을 고치는 권능을 주
시니라

열두 제자에게 명하여 이르시다 (막 6:7-13; 눅 9:1-6)

2 ○ 열두 사도의 이름은 이러하니 베
드로라 하는 시몬을 비롯하여 그의
형제 안드레와 세베대의 아들 야고보
와 그의 형제 요한,

1】

2】

년 월 일

3 빌립과 바돌로매, 도마와 세리 마태,
알패오의 아들 야고보와 다대오,
4 가나나인 시몬 및 가룟 유다 곧 예수
를 판 자라
5 예수께서 이 열둘을 내보내시며 명
하여 이르시되 이방인의 길로도 가지
말고 사마리아인의 고을에도 들어가
지 말고
6 오히려 이스라엘 집의 잃어버린 양에
게로 가라
7 가면서 전파하여 말하되 천국이 가까
이 왔다 하고
8 병든 자를 고치며 죽은 자를 살리며 나
병환자를 깨끗하게 하며 귀신을 쫓아
내되 너희가 거저 받았으니 거저 주라
9 너희 전대에 금이나 은이나 동을 가
지지 말고
10 여행을 위하여 배낭이나 두 벌 옷이
나 신이나 지팡이를 가지지 말라 이
는 일꾼이 자기의 먹을 것 받는 것이
마땅함이라
11 어떤 성이나 마을에 들어가든지 그
중에 합당한 자를 찾아내어 너희가
떠나기까지 거기서 머물라
12 또 그 집에 들어가면서 평안하기를
빌라
13 그 집이 이에 합당하면 너희 빈 평안

3】

4】

5】

6】

7】

8】

9】

10】

11】

12】

13】

이 거기 임할 것이요 만일 합당하지
아니하면 그 평안이 너희에게 돌아올
것이니라
14 누구든지 너희를 영접하지도 아니하
고 너희 말을 듣지도 아니하거든 그
집이나 성에서 나가 너희 발의 먼지
를 떨어 버리라
15 내가 진실로 너희에게 이르노니 심판
날에 소돔과 고모라 땅이 그 성보다
견디기 쉬우리라

미움을 받을 것이다(막 13:9-13; 눅 21:12-17)

16 ○ 보라 내가 너희를 보냄이 양을 이
리 가운데로 보냄과 같도다 그러므로
너희는 뱀 같이 지혜롭고 비둘기 같
이 순결하라
17 사람들을 삼가라 그들이 너희를 공회
에 넘겨 주겠고 그들의 회당에서 채
찍질하리라
18 또 너희가 나로 말미암아 총독들과 임금
들 앞에 끌려 가리니 이는 그들과 이방
인들에게 증거가 되게 하려 하심이라
19 너희를 넘겨 줄 때에 어떻게 또는 무
엇을 말할까 염려하지 말라 그 때에
너희에게 할 말을 주시리니
20 말하는 이는 너희가 아니라 너희 속
에서 말씀하시는 이 곧 너희 아버지
의 성령이시니라

14】

15】

16】

17】

18】

19】

20】

21 장차 형제가 형제를, 아버지가 자식
을 죽는 데에 내주며 자식들이 부모
를 대적하여 죽게 하리라
22 또 너희가 내 이름으로 말미암아 모
든 사람에게 미움을 받을 것이나 끝
까지 견디는 자는 구원을 얻으리라
23 이 동네에서 너희를 박해하거든 저
동네로 피하라 내가 진실로 너희에게
이르노니 이스라엘의 모든 동네를 다
다니지 못하여서 인자가 오리라

두려워할 분을 두려워하라(눅 12:2-9)

24 ○ 제자가 그 선생보다, 또는 종이 그
상전보다 높지 못하나니
25 제자가 그 선생 같고 종이 그 상전 같
으면 족하도다 집 주인을 바알세불이
라 하였거든 하물며 그 집 사람들이랴
26 그런즉 그들을 두려워하지 말라 감추
인 것이 드러나지 않을 것이 없고 숨은
것이 알려지지 않을 것이 없느니라
27 내가 너희에게 어두운 데서 이르는 것
을 광명한 데서 말하며 너희가 귓속말
로 듣는 것을 집 위에서 전파하라
28 몸은 죽여도 영혼은 능히 죽이지 못
하는 자들을 두려워하지 말고 오직
몸과 영혼을 능히 지옥에 멸하실 수
있는 이를 두려워하라
29 참새 두 마리가 한 앗사리온에 팔리

21】

22】

23】

24】

25】

26】

27】

28】

29】

지 않느냐 그러나 너희 아버지께서
허락하지 아니하시면 그 하나도 땅에
떨어지지 아니하리라
30 너희에게는 머리털까지 다 세신 바
되었나니
31 두려워하지 말라 너희는 많은 참새보
다 귀하니라
32 누구든지 사람 앞에서 나를 시인하면
나도 하늘에 계신 내 아버지 앞에서
그를 시인할 것이요
33 누구든지 사람 앞에서 나를 부인하면
나도 하늘에 계신 내 아버지 앞에서
그를 부인하리라

검을 주러 왔다(눅 12:51-53; 14:26-27)

34 ○ 내가 세상에 화평을 주러 온 줄로
생각하지 말라 화평이 아니요 검을
주러 왔노라
35 내가 온 것은 사람이 그 아버지와, 딸
이 어머니와, 며느리가 시어머니와 불
화하게 하려 함이니
36 사람의 원수가 자기 집안 식구리라
37 아버지나 어머니를 나보다 더 사랑하
는 자는 내게 합당하지 아니하고 아
들이나 딸을 나보다 더 사랑하는 자
도 내게 합당하지 아니하며
38 또 자기 십자가를 지고 나를 따르지
않는 자도 내게 합당하지 아니하니라

30】
31】
32】
33】
34】
35】
36】
37】
38】

39 자기 목숨을 얻는 자는 잃을 것이요
나를 위하여 자기 목숨을 잃는 자는
얻으리라

상을 받을 사람(막 9:41)

40 ○ 너희를 영접하는 자는 나를 영접
하는 것이요 나를 영접하는 자는 나
를 보내신 이를 영접하는 것이니라
41 선지자의 이름으로 선지자를 영접하
는 자는 선지자의 상을 받을 것이요
의인의 이름으로 의인을 영접하는 자
는 의인의 상을 받을 것이요
42 또 누구든지 제자의 이름으로 이 작
은 자 중 하나에게 냉수 한 그릇이라
도 주는 자는 내가 진실로 너희에게
이르노니 그 사람이 결단코 상을 잃
지 아니하리라 하시니라

39】

40】

41】

42】

11

1 예수께서 열두 제자에게 명하기를
마치시고 이에 그들의 여러 동네에
서 가르치시며 전도하시려고 거기를
떠나 가시니라

세례 요한(눅 7:18-35)

2 ○ 요한이 옥에서 그리스도께서 하신
일을 듣고 제자들을 보내어
3 예수께 여짜오되 오실 그이가 당신이
오니이까 우리가 다른 이를 기다리오
리이까

1】

2】

3】

4 예수께서 대답하여 이르시되 너희가
가서 듣고 보는 것을 요한에게 알리되
5 맹인이 보며 못 걷는 사람이 걸으며
나병환자가 깨끗함을 받으며 못 듣는
자가 들으며 죽은 자가 살아나며 가
난한 자에게 복음이 전파된다 하라
6 누구든지 나로 말미암아 실족하지 아
니하는 자는 복이 있도다 하시니라
7 그들이 떠나매 예수께서 무리에게 요
한에 대하여 말씀하시되 너희가 무엇
을 보려고 광야에 나갔더냐 바람에
흔들리는 갈대냐
8 그러면 너희가 무엇을 보려고 나갔더냐
부드러운 옷 입은 사람이냐 부드러운
옷을 입은 사람들은 왕궁에 있느니라
9 그러면 너희가 어찌하여 나갔더냐 선
지자를 보기 위함이었더냐 옳다 내가
너희에게 이르노니 선지자보다 더 나
은 자니라
10 기록된 바 보라 내가 내 사자를 네 앞
에 보내노니 그가 네 길을 네 앞에 준
비하리라 하신 것이 이 사람에 대한
말씀이니라
11 내가 진실로 너희에게 말하노니 여자
가 낳은 자 중에 세례 요한보다 큰 이
가 일어남이 없도다 그러나 천국에서
는 극히 작은 자라도 그보다 크니라

4】

5】

6】

7】

8】

9】

10】

11】

12 세례 요한의 때부터 지금까지 천국은
침노를 당하나니 침노하는 자는 빼앗
느니라
13 모든 선지자와 율법이 예언한 것은
요한까지니
14 만일 너희가 즐겨 받을진대 오리라
한 엘리야가 곧 이 사람이니라
15 귀 있는 자는 들을지어다
16 이 세대를 무엇으로 비유할까 비유하
건대 아이들이 장터에 앉아 제 동무
를 불러
17 이르되 우리가 너희를 향하여 피리
를 불어도 너희가 춤추지 않고 우리
가 슬피 울어도 너희가 가슴을 치지
아니하였다 함과 같도다
18 요한이 와서 먹지도 않고 마시지도
아니하매 그들이 말하기를 귀신이 들
렸다 하더니
19 인자는 와서 먹고 마시매 말하기를
보라 먹기를 탐하고 포도주를 즐기는
사람이요 세리와 죄인의 친구로다 하
니 지혜는 그 행한 일로 인하여 옳다
함을 얻느니라

회개하지 아니하는 도시들(눅 10:13-15)

20 ○ 예수께서 권능을 가장 많이 행하
신 고을들이 회개하지 아니하므로 그
때에 책망하시되

12】

13】

14】

15】

16】

17】

18】

19】

20】

21 화 있을진저 고라신아 화 있을진저
벳새다야 너희에게 행한 모든 권능을
두로와 시돈에서 행하였더라면 그들
이 벌써 베옷을 입고 재에 앉아 회개
하였으리라
22 내가 너희에게 이르노니 심판 날에 두로
와 시돈이 너희보다 견디기 쉬우리라
23 가버나움아 네가 하늘에까지 높아지
겠느냐 음부에까지 낮아지리라 네게
행한 모든 권능을 소돔에서 행하였더
라면 그 성이 오늘까지 있었으리라
24 내가 너희에게 이르노니 심판 날에
소돔 땅이 너보다 견디기 쉬우리라
하시니라

짐 진 자들아 내게로 오라(눅 10:21-22)

25 ○ 그 때에 예수께서 대답하여 이르
시되 천지의 주재이신 아버지여 이것
을 지혜롭고 슬기 있는 자들에게는
숨기시고 어린 아이들에게는 나타내
심을 감사하나이다
26 옳소이다 이렇게 된 것이 아버지의
뜻이니이다
27 내 아버지께서 모든 것을 내게 주셨
으니 아버지 외에는 아들을 아는 자
가 없고 아들과 또 아들의 소원대로
계시를 받는 자 외에는 아버지를 아
는 자가 없느니라

21】

22】

23】

24】

25】

26】

27】

년 월 일

28 수고하고 무거운 짐 진 자들아 다 내
게로 오라 내가 너희를 쉬게 하리라
29 나는 마음이 온유하고 겸손하니 나의
멍에를 메고 내게 배우라 그리하면
너희 마음이 쉼을 얻으리니
30 이는 내 멍에는 쉽고 내 짐은 가벼움
이라 하시니라

28】

29】

30】

안식일에 밀 이삭을 자르다
(막 2:23-28; 눅 6:1-5)

12 1 그 때에 예수께서 안식일에 밀밭
사이로 가실새 제자들이 시장하여
이삭을 잘라 먹으니
2 바리새인들이 보고 예수께 말하되 보
시오 당신의 제자들이 안식일에 하지
못할 일을 하나이다
3 예수께서 이르시되 다윗이 자기와 그
함께 한 자들이 시장할 때에 한 일을
읽지 못하였느냐
4 그가 하나님의 전에 들어가서 제사장
외에는 자기나 그 함께 한 자들이 먹
어서는 안 되는 진설병을 먹지 아니
하였느냐
5 또 안식일에 제사장들이 성전 안에서
안식을 범하여도 죄가 없음을 너희가
율법에서 읽지 못하였느냐
6 내가 너희에게 이르노니 성전보다 더
큰 이가 여기 있느니라

1】

2】

3】

4】

5】

6】

7 나는 자비를 원하고 제사를 원하지 7】
아니하노라 하신 뜻을 너희가 알았더
라면 무죄한 자를 정죄하지 아니하였
으리라
8 인자는 안식일의 주인이니라 하시니라 8】

안식일에 손 마른 사람을 고치시다
(막 3:1-6; 눅 6:6-11)

9 ○ 거기에서 떠나 그들의 회당에 들 9】
어가시니
10 한쪽 손 마른 사람이 있는지라 사람들 10】
이 예수를 고발하려 하여 물어 이르되
안식일에 병 고치는 것이 옳으니이까
11 예수께서 이르시되 너희 중에 어떤 사 11】
람이 양 한 마리가 있어 안식일에 구
덩이에 빠졌으면 끌어내지 않겠느냐
12 사람이 양보다 얼마나 더 귀하냐 그 12】
러므로 안식일에 선을 행하는 것이
옳으니라 하시고
13 이에 그 사람에게 이르시되 손을 내 13】
밀라 하시니 그가 내밀매 다른 손과
같이 회복되어 성하더라
14 바리새인들이 나가서 어떻게 하여 예 14】
수를 죽일까 의논하거늘
15 예수께서 아시고 거기를 떠나가시니 15】
많은 사람이 따르는지라 예수께서 그
들의 병을 다 고치시고
16 자기를 나타내지 말라 경고하셨으니 16】
17 이는 선지자 이사야를 통하여 말씀하 17】

신 바

18 보라 내가 택한 종 곧 내 마음에 기뻐
하는 바 내가 사랑하는 자로다 내가
내 영을 그에게 줄 터이니 그가 심판
을 이방에 알게 하리라

19 그는 다투지도 아니하며 들레지도 아
니하리니 아무도 길에서 그 소리를
듣지 못하리라

20 상한 갈대를 꺾지 아니하며 꺼져가는
심지를 끄지 아니하기를 심판하여 이
길 때까지 하리니

21 또한 이방들이 그의 이름을 바라리라
함을 이루려 하심이니라

예수와 바알세불
(막 3:20-30; 눅 6:43-45; 11:14-23; 12:10)

22 ○ 그 때에 귀신 들려 눈 멀고 말 못
하는 사람을 데리고 왔거늘 예수께서
고쳐 주시매 그 말 못하는 사람이 말
하며 보게 된지라

23 무리가 다 놀라 이르되 이는 다윗의
자손이 아니냐 하니

24 바리새인들은 듣고 이르되 이가 귀신
의 왕 바알세불을 힘입지 않고는 귀
신을 쫓아내지 못하느니라 하거늘

25 예수께서 그들의 생각을 아시고 이르
시되 스스로 분쟁하는 나라마다 황폐
하여질 것이요 스스로 분쟁하는 동네
나 집마다 서지 못하리라

18】

19】

20】

21】

22】

23】

24】

25】

26 만일 사탄이 사탄을 쫓아내면 스스로
분쟁하는 것이니 그리하고야 어떻게
그의 나라가 서겠느냐
27 또 내가 바알세불을 힘입어 귀신을
쫓아내면 너희의 아들들은 누구를 힘
입어 쫓아내느냐 그러므로 그들이 너
희의 재판관이 되리라
28 그러나 내가 하나님의 성령을 힘입어
귀신을 쫓아내는 것이면 하나님의 나
라가 이미 너희에게 임하였느니라
29 사람이 먼저 강한 자를 결박하지 않
고서야 어떻게 그 강한 자의 집에 들
어가 그 세간을 강탈하겠느냐 결박한
후에야 그 집을 강탈하리라
30 나와 함께 아니하는 자는 나를 반대
하는 자요 나와 함께 모으지 아니하
는 자는 헤치는 자니라
31 그러므로 내가 너희에게 이르노니 사
람에 대한 모든 죄와 모독은 사하심
을 얻되 성령을 모독하는 것은 사하
심을 얻지 못하겠고
32 또 누구든지 말로 인자를 거역하면
사하심을 얻되 누구든지 말로 성령을
거역하면 이 세상과 오는 세상에서도
사하심을 얻지 못하리라
33 나무도 좋고 열매도 좋다 하든지 나무
도 좋지 않고 열매도 좋지 않다 하든

26】

27】

28】

29】

30】

31】

32】

33】

지 하라 그 열매로 나무를 아느니라
34 독사의 자식들아 너희는 악하니 어떻게 선한 말을 할 수 있느냐 이는 마음에 가득한 것을 입으로 말함이라
35 선한 사람은 그 쌓은 선에서 선한 것을 내고 악한 사람은 그 쌓은 악에서 악한 것을 내느니라
36 내가 너희에게 이르노니 사람이 무슨 무익한 말을 하든지 심판 날에 이에 대하여 심문을 받으리니
37 네 말로 의롭다 함을 받고 네 말로 정죄함을 받으리라

악한 세대가 표적을 구하나
(막 8:11-12; 눅 11:24-26, 29-32)

38 ○ 그 때에 서기관과 바리새인 중 몇 사람이 말하되 선생님이여 우리에게 표적 보여주시기를 원하나이다
39 예수께서 대답하여 이르시되 악하고 음란한 세대가 표적을 구하나 선지자 요나의 표적 밖에는 보일 표적이 없느니라
40 요나가 밤낮 사흘 동안 큰 물고기 뱃속에 있었던 것 같이 인자도 밤낮 사흘 동안 땅 속에 있으리라
41 심판 때에 니느웨 사람들이 일어나 이 세대 사람을 정죄하리니 이는 그들이 요나의 전도를 듣고 회개하였음이거니와 요나보다 더 큰 이가 여기 있으며
42 심판 때에 남방 여왕이 일어나 이 세

34】

35】

36】

37】

38】

39】

40】

41】

42】

대 사람을 정죄하리니 이는 그가 솔
로몬의 지혜로운 말을 들으려고 땅
끝에서 왔음이거니와 솔로몬보다 더
큰 이가 여기 있느니라
43 더러운 귀신이 사람에게서 나갔을 때
에 물 없는 곳으로 다니며 쉬기를 구
하되 쉴 곳을 얻지 못하고
44 이에 이르되 내가 나온 내 집으로 돌
아가리라 하고 와 보니 그 집이 비고
청소되고 수리되었거늘
45 이에 가서 저보다 더 악한 귀신 일곱
을 데리고 들어가서 거하니 그 사람
의 나중 형편이 전보다 더욱 심하게
되느니라 이 악한 세대가 또한 이렇
게 되리라

예수의 어머니와 형제 자매(막 3:31-35; 눅 8:19-21)

46 ○ 예수께서 무리에게 말씀하실 때에
그의 어머니와 동생들이 예수께 말하
려고 밖에 섰더니
47 한 사람이 예수께 여짜오되 보소서
당신의 어머니와 동생들이 당신께 말
하려고 밖에 서 있나이다 하니
48 말하던 사람에게 대답하여 이르시되
누가 내 어머니이며 내 동생들이냐 하
시고
49 손을 내밀어 제자들을 가리켜 이르시
되 나의 어머니와 나의 동생들을 보라

43】

44】

45】

46】

47】

48】

49】

50 누구든지 하늘에 계신 내 아버지의
뜻대로 하는 자가 내 형제요 자매요
어머니이니라 하시더라

50】

네 가지 땅에 떨어진 씨 비유
(막 4:1-9; 눅 8:4-8)

13 1 그 날 예수께서 집에서 나가사 바
닷가에 앉으시매
2 큰 무리가 그에게로 모여 들거늘 예수
께서 배에 올라가 앉으시고 온 무리는
해변에 서 있더니
3 예수께서 비유로 여러 가지를 그들에
게 말씀하여 이르시되 씨를 뿌리는 자
가 뿌리러 나가서
4 뿌릴새 더러는 길 가에 떨어지매 새들
이 와서 먹어버렸고
5 더러는 흙이 얕은 돌밭에 떨어지매 흙
이 깊지 아니하므로 곧 싹이 나오나
6 해가 돋은 후에 타서 뿌리가 없으므
로 말랐고
7 더러는 가시떨기 위에 떨어지매 가시
가 자라서 기운을 막았고
8 더러는 좋은 땅에 떨어지매 어떤 것은
백 배, 어떤 것은 육십 배, 어떤 것은
삼십 배의 결실을 하였느니라
9 귀 있는 자는 들으라 하시니라

1】
2】
3】
4】
5】
6】
7】
8】
9】

비유를 설명하시다(막 4:10-20; 눅 8:9-15)

10 ○ 제자들이 예수께 나아와 이르되 어

10】

찌하여 그들에게 비유로 말씀하시나
이까
11 대답하여 이르시되 천국의 비밀을 아
는 것이 너희에게는 허락되었으나 그
들에게는 아니되었나니
12 무릇 있는 자는 받아 넉넉하게 되되
없는 자는 그 있는 것도 빼앗기리라
13 그러므로 내가 그들에게 비유로 말하
는 것은 그들이 보아도 보지 못하며 들
어도 듣지 못하며 깨닫지 못함이니라
14 이사야의 예언이 그들에게 이루어졌
으니 일렀으되 너희가 듣기는 들어도
깨닫지 못할 것이요 보기는 보아도
알지 못하리라
15 이 백성들의 마음이 완악하여져서 그
귀는 듣기에 둔하고 눈은 감았으니
이는 눈으로 보고 귀로 듣고마음으
로 깨달아 돌이켜 내게 고침을 받을
까 두려워함이라 하였느니라
16 그러나 너희 눈은 봄으로, 너희 귀는
들음으로 복이 있도다
17 내가 진실로 너희에게 이르노니 많은
선지자와 의인이 너희가 보는 것들을
보고자 하여도 보지 못하였고 너희가
듣는 것들을 듣고자 하여도 듣지 못
하였느니라
18 그런즉 씨 뿌리는 비유를 들으라

11】

12】

13】

14】

15】

16】

17】

18】

19 아무나 천국 말씀을 듣고 깨닫지 못
할 때는 악한 자가 와서 그 마음에 뿌
려진 것을 빼앗나니 이는 곧 길 가에
뿌려진 자요
20 돌밭에 뿌려졌다는 것은 말씀을 듣고
즉시 기쁨으로 받되
21 그 속에 뿌리가 없어 잠시 견디다가
말씀으로 말미암아 환난이나 박해가
일어날 때에는 곧 넘어지는 자요
22 가시떨기에 뿌려졌다는 것은 말씀을
들으나 세상의 염려와 재물의 유혹에
말씀이 막혀 결실하지 못하는 자요
23 좋은 땅에 뿌려졌다는 것은 말씀을
듣고 깨닫는 자니 결실하여 어떤 것
은 백 배, 어떤 것은 육십 배, 어떤 것
은 삼십 배가 되느니라 하시더라
24 ○ 예수께서 그들 앞에 또 비유를 들
어 이르시되 천국은 좋은 씨를 제 밭
에 뿌린 사람과 같으니
25 사람들이 잘 때에 그 원수가 와서 곡
식 가운데 가라지를 덧뿌리고 갔더니
26 싹이 나고 결실할 때에 가라지도 보
이거늘
27 집 주인의 종들이 와서 말하되 주여 밭
에 좋은 씨를 뿌리지 아니하였나이까
그런데 가라지가 어디서 생겼나이까
28 주인이 이르되 원수가 이렇게 하였구

19】

20】

21】

22】

23】

24】

25】

26】

27】

28】

나 종들이 말하되 그러면 우리가 가
서 이것을 뽑기를 원하시나이까
29 주인이 이르되 가만 두라 가라지를
뽑다가 곡식까지 뽑을까 염려하노라
30 둘 다 추수 때까지 함께 자라게 두라
추수 때에 내가 추수꾼들에게 말하기
를 가라지는 먼저 거두어 불사르게 단
으로 묶고 곡식은 모아 내 곳간에 넣으
라 하리라

겨자씨와 누룩 비유(막 4:30-32; 눅 13:18-21)

31 ○ 또 비유를 들어 이르시되 천국은
마치 사람이 자기 밭에 갖다 심은 겨
자씨 한 알 같으니
32 이는 모든 씨보다 작은 것이로되 자
란 후에는 풀보다 커서 나무가 되매
공중의 새들이 와서 그 가지에 깃들
이느니라
33 ○ 또 비유로 말씀하시되 천국은 마
치 여자가 가루 서 말 속에 갖다 넣어
전부 부풀게 한 누룩과 같으니라

비유로 말씀하신 까닭(막 4:33-34)

34 ○ 예수께서 이 모든 것을 무리에게
비유로 말씀하시고 비유가 아니면 아
무 것도 말씀하지 아니하셨으니
35 이는 선지자를 통하여 말씀하신 바
내가 입을 열어 비유로 말하고 창세
부터 감추인 것들을 드러내리라 함을

29】

30】

31】

32】

33】

34】

35】

이루려 하심이라

가라지 비유를 설명하시다

36 ○ 이에 예수께서 무리를 떠나사 집
에 들어가시니 제자들이 나아와 이르
되 밭의 가라지의 비유를 우리에게
설명하여 주소서
37 대답하여 이르시되 좋은 씨를 뿌리는
이는 인자요
38 밭은 세상이요 좋은 씨는 천국의 아들
들이요 가라지는 악한 자의 아들들이요
39 가라지를 뿌린 원수는 마귀요 추수 때
는 세상 끝이요 추수꾼은 천사들이니
40 그런즉 가라지를 거두어 불에 사르
는 것 같이 세상 끝에도 그러하리라
41 인자가 그 천사들을 보내리니 그들이
그 나라에서 모든 넘어지게 하는 것과
또 불법을 행하는 자들을 거두어 내어
42 풀무 불에 던져 넣으리니 거기서 울
며 이를 갈게 되리라
43 그 때에 의인들은 자기 아버지 나라
에서 해와 같이 빛나리라 귀 있는 자
는 들으라

세 가지 비유

44 ○ 천국은 마치 밭에 감추인 보화와
같으니 사람이 이를 발견한 후 숨겨
두고 기뻐하며 돌아가서 자기의 소유
를 다 팔아 그 밭을 사느니라

36】

37】

38】

39】

40】

41】

42】

43】

44】

년 월 일

45 ○ 또 천국은 마치 좋은 진주를 구하
는 장사와 같으니
46 극히 값진 진주 하나를 발견하매 가
서 자기의 소유를 다 팔아 그 진주를
사느니라
47 ○ 또 천국은 마치 바다에 치고 각종
물고기를 모는 그물과 같으니
48 그물에 가득하매 물 가로 끌어 내고
앉아서 좋은 것은 그릇에 담고 못된
것은 내버리느니라
49 세상 끝에도 이러하리라 천사들이 와
서 의인 중에서 악인을 갈라 내어
50 풀무 불에 던져 넣으리니 거기서 울
며 이를 갈리라

새 것과 옛 것

51 ○ 이 모든 것을 깨달았느냐 하시니
대답하되 그러하오이다
52 예수께서 이르시되 그러므로 천국의
제자된 서기관마다 마치 새것과 옛것
을 그 곳간에서 내오는 집주인과 같
으니라

고향에서 배척을 받으시다(막 6:1-6; 눅 4:16-30)

53 ○ 예수께서 이 모든 비유를 마치신
후에 그 곳을 떠나서
54 고향으로 돌아가사 그들의 회당에서
가르치시니 그들이 놀라 이르되 이
사람의 이 지혜와 이런 능력이 어디

45】

46】

47】

48】

49】

50】

51】

52】

53】

54】

서 났느냐
55 이는 그 목수의 아들이 아니냐 그 어
머니는 마리아, 그 형제들은 야고보,
요셉, 시몬, 유다라 하지 않느냐
56 그 누이들은 다 우리와 함께 있지 아
니하냐 그런즉 이 사람의 이 모든 것
이 어디서 났느냐 하고
57 예수를 배척한지라 예수께서 그들에
게 말씀하시되 선지자가 자기 고향과
자기 집 외에서는 존경을 받지 않음
이 없느니라 하시고
58 그들이 믿지 않음으로 말미암아 거기
서 많은 능력을 행하지 아니하시니라

55】

56】

57】

58】

세례 요한의 죽음(막 6:14-29; 눅 9:7-9)

14
1 그 때에 분봉 왕 헤롯이 예수의
소문을 듣고
2 그 신하들에게 이르되 이는 세례 요한
이라 그가 죽은 자 가운데서 살아났으
니 그러므로 이런 능력이 그 속에서
역사하는도다 하더라
3 전에 헤롯이 그 동생 빌립의 아내 헤
로디아의 일로 요한을 잡아 결박하여
옥에 가두었으니
4 이는 요한이 헤롯에게 말하되 당신이
그 여자를 차지한 것이 옳지 않다 하
였음이라

1】

2】

3】

4】

5 헤롯이 요한을 죽이려 하되 무리가 그
를 선지자로 여기므로 그들을 두려워
하더니
6 마침 헤롯의 생일이 되어 헤로디아의
딸이 연석 가운데서 춤을 추어 헤롯을
기쁘게 하니
7 헤롯이 맹세로 그에게 무엇이든지 달
라는 대로 주겠다고 약속하거늘
8 그가 제 어머니의 시킴을 듣고 이르
되 세례 요한의 머리를 소반에 얹어
여기서 내게 주소서 하니
9 왕이 근심하나 자기가 맹세한 것과 그
함께 앉은 사람들 때문에 주라 명하고
10 사람을 보내어 옥에서 요한의 목을 베어
11 그 머리를 소반에 얹어서 그 소녀에
게 주니 그가 자기 어머니에게로 가
져가니라
12 요한의 제자들이 와서 시체를 가져다
가 장사하고 가서 예수께 아뢰니라

오천 명을 먹이시다
(막 6:30-44; 눅 9:10-17; 요 6:1-14)

13 ○ 예수께서 들으시고 배를 타고 떠나
사 따로 빈 들에 가시니 무리가 듣고
여러 고을로부터 걸어서 따라간지라
14 예수께서 나오사 큰 무리를 보시고
불쌍히 여기사 그 중에 있는 병자를
고쳐 주시니라
15 저녁이 되매 제자들이 나아와 이르

5】
6】
7】
8】
9】
10】
11】
12】
13】
14】
15】

되 이 곳은 빈 들이요 때도 이미 저물
었으니 무리를 보내어 마을에 들어가
먹을 것을 사 먹게 하소서
16 예수께서 이르시되 갈 것 없다 너희
가 먹을 것을 주라
17 제자들이 이르되 여기 우리에게 있는
것은 떡 다섯 개와 물고기 두 마리뿐
이니이다
18 이르시되 그것을 내게 가져오라 하시고
19 무리를 명하여 잔디 위에 앉히시고 떡
다섯 개와 물고기 두 마리를 가지사 하
늘을 우러러 축사하시고 떡을 떼어 제자
들에게 주시매 제자들이 무리에게 주니
20 다 배불리 먹고 남은 조각을 열두 바
구니에 차게 거두었으며
21 먹은 사람은 여자와 어린이 외에 오
천 명이나 되었더라

물 위로 걸으시다(막 6:45-52; 요 6:15-21)

22 ○ 예수께서 즉시 제자들을 재촉하사
자기가 무리를 보내는 동안에 배를
타고 앞서 건너편으로 가게 하시고
23 무리를 보내신 후에 기도하러 따로
산에 올라가시니라 저물매 거기 혼자
계시더니
24 배가 이미 육지에서 수 리나 떠나서
바람이 거스르므로 물결로 말미암아
고난을 당하더라

16】
17】
18】
19】
20】
21】
22】
23】
24】

25 밤 사경에 예수께서 바다 위로 걸어
서 제자들에게 오시니
26 제자들이 그가 바다 위로 걸어오심을
보고 놀라 유령이라 하며 무서워하여
소리 지르거늘
27 예수께서 즉시 이르시되 안심하라 나
니 두려워하지 말라
28 베드로가 대답하여 이르되 주여 만일
주님이시거든 나를 명하사 물 위로
오라 하소서 하니
29 오라 하시니 베드로가 배에서 내려
물 위로 걸어서 예수께로 가되
30 바람을 보고 무서워 빠져 가는지라 소
리 질러 이르되 주여 나를 구원하소
서 하니
31 예수께서 즉시 손을 내밀어 그를 붙
잡으시며 이르시되 믿음이 작은 자여
왜 의심하였느냐 하시고
32 배에 함께 오르매 바람이 그치는지라
33 배에 있는 사람들이 예수께 절하며
이르되 진실로 하나님의 아들이로소
이다 하더라

게네사렛에서 병자들을 고치시다(막 6:53-56)

34 ○ 그들이 건너가 게네사렛 땅에 이
르니
35 그 곳 사람들이 예수이신 줄을 알고
그 근방에 두루 통지하여 모든 병든

25】
26】
27】
28】
29】
30】
31】
32】
33】
34】
35】

자를 예수께 데리고 와서
36 다만 예수의 옷자락에라도 손을 대게
하시기를 간구하니 손을 대는 자는
다 나음을 얻으니라

36】

장로들의 전통 (막 7:1-23)

15 1 그 때에 바리새인과 서기관들이
예루살렘으로부터 예수께 나아와
이르되
2 당신의 제자들이 어찌하여 장로들의
전통을 범하나이까 떡 먹을 때에 손
을 씻지 아니하나이다
3 대답하여 이르시되 너희는 어찌하여
너희의 전통으로 하나님의 계명을 범
하느냐
4 하나님이 이르셨으되 네 부모를 공
경하라 하시고 또 아버지나 어머니를
비방하는 자는 반드시 죽임을 당하리
라 하셨거늘
5 너희는 이르되 누구든지 아버지에게
나 어머니에게 말하기를 내가 드려
유익하게 할 것이 하나님께 드림이
되었다고 하기만 하면
6 그 부모를 공경할 것이 없다 하여 너
희의 전통으로 하나님의 말씀을 폐하
는도다
7 외식하는 자들아 이사야가 너희에 관

1】
2】
3】
4】
5】
6】
7】

하여 잘 예언하였도다 일렀으되
8 이 백성이 입술로는 나를 공경하되
마음은 내게서 멀도다
9 사람의 계명으로 교훈을 삼아 가르치
니 나를 헛되이 경배하는도다 하였느
니라 하시고
10 무리를 불러 이르시되 듣고 깨달으라
11 입으로 들어가는 것이 사람을 더럽게
하는 것이 아니라 입에서 나오는 그
것이 사람을 더럽게 하는 것이니라
12 이에 제자들이 나아와 이르되 바리새
인들이 이 말씀을 듣고 걸림이 된 줄
아시나이까
13 예수께서 대답하여 이르시되 심은 것
마다 내 하늘 아버지께서 심으시지
않은 것은 뽑힐 것이니
14 그냥 두라 그들은 맹인이 되어 맹인
을 인도하는 자로다 만일 맹인이 맹
인을 인도하면 둘이 다 구덩이에 빠
지리라 하시니
15 베드로가 대답하여 이르되 이 비유를
우리에게 설명하여 주옵소서
16 예수께서 이르시되 너희도 아직까지
깨달음이 없느냐
17 입으로 들어가는 모든 것은 배로 들
어가서 뒤로 내버려지는 줄 알지 못
하느냐

8】

9】

10】

11】

12】

13】

14】

15】

16】

17】

18 입에서 나오는 것들은 마음에서 나오
나니 이것이야말로 사람을 더럽게 하
느니라
19 마음에서 나오는 것은 악한 생각과
살인과 간음과 음란과 도둑질과 거짓
증언과 비방이니
20 이런 것들이 사람을 더럽게 하는 것
이요 씻지 않은 손으로 먹는 것은 사
람을 더럽게 하지 못하느니라

가나안 여자의 믿음(막 7:24-30)

21 ○ 예수께서 거기서 나가사 두로와
시돈 지방으로 들어가시니
22 가나안 여자 하나가 그 지경에서 나
와서 소리 질러 이르되 주 다윗의 자
손이여 나를 불쌍히 여기소서 내 딸
이 흉악하게 귀신 들렸나이다 하되
23 예수는 한 말씀도 대답하지 아니하시
니 제자들이 와서 청하여 말하되 그
여자가 우리 뒤에서 소리를 지르오니
그를 보내소서
24 예수께서 대답하여 이르시되 나는 이스
라엘 집의 잃어버린 양 외에는 다른 데
로 보내심을 받지 아니하였노라 하시니
25 여자가 와서 예수께 절하며 이르되
주여 저를 도우소서
26 대답하여 이르시되 자녀의 떡을 취하
여 개들에게 던짐이 마땅하지 아니하

18】

19】

20】

21】

22】

23】

24】

25】

26】

니라

27 여자가 이르되 주여 옳소이다마는 개
들도 제 주인의 상에서 떨어지는 부
스러기를 먹나이다 하니

28 이에 예수께서 대답하여 이르시되 여
자여 네 믿음이 크도다 네 소원대로
되리라 하시니 그 때로부터 그의 딸
이 나으니라

많은 사람들을 고치시다

29 ○ 예수께서 거기서 떠나사 갈릴리 호
숫가에 이르러 산에 올라가 거기 앉으
시니

30 큰 무리가 다리 저는 사람과 장애인
과 맹인과 말 못하는 사람과 기타 여
럿을 데리고 와서 예수의 발 앞에 앉
히매 고쳐 주시니

31 말 못하는 사람이 말하고 장애인이
온전하게 되고 다리 저는 사람이 걸
으며 맹인이 보는 것을 무리가 보고
놀랍게 여겨 이스라엘의 하나님께 영
광을 돌리니라

사천 명을 먹이시다(막 8:1-10)

32 ○ 예수께서 제자들을 불러 이르시되
내가 무리를 불쌍히 여기노라 그들이
나와 함께 있은 지 이미 사흘이매 먹
을 것이 없도다 길에서 기진할까 하
여 굶겨 보내지 못하겠노라

27】

28】

29】

30】

31】

32】

33 제자들이 이르되 광야에 있어 우리가
어디서 이런 무리가 배부를 만큼 떡
을 얻으리이까
34 예수께서 이르시되 너희에게 떡이 몇
개나 있느냐 이르되 일곱 개와 작은
생선 두어 마리가 있나이다 하거늘
35 예수께서 무리에게 명하사 땅에 앉게
하시고
36 떡 일곱 개와 그 생선을 가지사 축사
하시고 떼어 제자들에게 주시니 제자
들이 무리에게 주매
37 다 배불리 먹고 남은 조각을 일곱 광
주리에 차게 거두었으며
38 먹은 자는 여자와 어린이 외에 사천
명이었더라
39 예수께서 무리를 흩어 보내시고 배에
오르사 마가단 지경으로 가시니라

33】

34】

35】

36】

37】

38】

39】

악한 세대가 표적을 구하나
(막 8:11-13; 눅 12:54-56)

16 1 바리새인과 사두개인들이 와서 예
수를 시험하여 하늘로부터 오는 표
적 보이기를 청하니
2 예수께서 대답하여 이르시되 너희가
저녁에 하늘이 붉으면 날이 좋겠다
하고
3 아침에 하늘이 붉고 흐리면 오늘은 날
이 궂겠다 하나니 너희가 날씨는 분

1】

2】

3】

별할 줄 알면서 시대의 표적은 분별
할 수 없느냐
4 악하고 음란한 세대가 표적을 구하나
요나의 표적 밖에는 보여 줄 표적이 없
느니라 하시고 그들을 떠나 가시니라

바리새인과 사두개인들의 누룩(막 8:14-21)

5 ○ 제자들이 건너편으로 갈새 떡 가
져가기를 잊었더니
6 예수께서 이르시되 삼가 바리새인과
사두개인들의 누룩을 주의하라 하시니
7 제자들이 서로 논의하여 이르되 우리가
떡을 가져오지 아니하였도다 하거늘
8 예수께서 아시고 이르시되 믿음이 작
은 자들아 어찌 떡이 없으므로 서로
논의하느냐
9 너희가 아직도 깨닫지 못하느냐 떡
다섯 개로 오천 명을 먹이고 주운 것
이 몇 바구니며
10 떡 일곱 개로 사천 명을 먹이고 주운
것이 몇 광주리였는지를 기억하지 못
하느냐
11 어찌 내 말한 것이 떡에 관함이 아닌 줄
을 깨닫지 못하느냐 오직 바리새인과
사두개인들의 누룩을 주의하라 하시니
12 그제서야 제자들이 떡의 누룩이 아니
요 바리새인과 사두개인들의 교훈을
삼가라고 말씀하신 줄을 깨달으니라

4】

5】

6】

7】

8】

9】

10】

11】

12】

베드로가 예수를 그리스도로 고백하다
(막 8:27-30; 눅 9:18-21)

13 ○ 예수께서 빌립보 가이사랴 지방에
이르러 제자들에게 물어 이르시되 사
람들이 인자를 누구라 하느냐
14 이르되 더러는 세례 요한, 더러는 엘
리야, 어떤 이는 예레미야나 선지자
중의 하나라 하나이다
15 이르시되 너희는 나를 누구라 하느냐
16 시몬 베드로가 대답하여 이르되 주는
그리스도시요 살아 계신 하나님의 아
들이시니이다
17 예수께서 대답하여 이르시되 바요나
시몬아 네가 복이 있도다 이를 네게
알게 한 이는 혈육이 아니요 하늘에
계신 내 아버지시니라
18 또 내가 네게 이르노니 너는 베드로라
내가 이 반석 위에 내 교회를 세우리
니 음부의 권세가 이기지 못하리라
19 내가 천국 열쇠를 네게 주리니 네가
땅에서 무엇이든지 매면 하늘에서도
매일 것이요 네가 땅에서 무엇이든지
풀면 하늘에서도 풀리리라 하시고
20 이에 제자들에게 경고하사 자기가 그
리스도인 것을 아무에게도 이르지 말
라 하시니라

죽음과 부활을 처음으로 이르시다
(막 8:31-9:1; 눅 9:22-27)

21 ○ 이 때로부터 예수 그리스도께서

13】

14】

15】

16】

17】

18】

19】

20】

21】

자기가 예루살렘에 올라가 장로들과
대제사장들과 서기관들에게 많은 고
난을 받고 죽임을 당하고 제삼일에
살아나야 할 것을 제자들에게 비로소
나타내시니
22 베드로가 예수를 붙들고 항변하여 이
르되 주여 그리 마옵소서 이 일이 결
코 주께 미치지 아니하리이다
23 예수께서 돌이키시며 베드로에게 이
르시되 사탄아 내 뒤로 물러 가라 너
는 나를 넘어지게 하는 자로다 네가 하
나님의 일을 생각하지 아니하고 도리
어 사람의 일을 생각하는도다 하시고
24 이에 예수께서 제자들에게 이르시되
누구든지 나를 따라오려거든 자기를
부인하고 자기 십자가를 지고 나를
따를 것이니라
25 누구든지 제 목숨을 구원하고자 하면
잃을 것이요 누구든지 나를 위하여
제 목숨을 잃으면 찾으리라
26 사람이 만일 온 천하를 얻고도 제 목숨
을 잃으면 무엇이 유익하리요 사람이
무엇을 주고 제 목숨과 바꾸겠느냐
27 인자가 아버지의 영광으로 그 천사들
과 함께 오리니 그 때에 각 사람이 행
한 대로 갚으리라
28 진실로 너희에게 이르노니 여기 서

22】

23】

24】

25】

26】

27】

28】

있는 사람 중에 죽기 전에 인자가 그
왕권을 가지고 오는 것을 볼 자들도
있느니라

영광스러운 모습으로 변형되시다
(막 9:2-13; 눅 9:28-36)

17 1 엿새 후에 예수께서 베드로와 야
고보와 그 형제 요한을 데리시고
따로 높은 산에 올라가셨더니
2 그들 앞에서 변형되사 그 얼굴이 해 같
이 빛나며 옷이 빛과 같이 희어졌더라
3 그 때에 모세와 엘리야가 예수와 더불
어 말하는 것이 그들에게 보이거늘
4 베드로가 예수께 여쭈어 이르되 주여 우
리가 여기 있는 것이 좋사오니 만일 주
께서 원하시면 내가 여기서 초막 셋을
짓되 하나는 주님을 위하여, 하나는 모
세를 위하여, 하나는 엘리야를 위하여
하리이다
5 말할 때에 홀연히 빛난 구름이 그들을
덮으며 구름 속에서 소리가 나서 이르
시되 이는 내 사랑하는 아들이요 내 기
뻐하는 자니 너희는 그의 말을 들으라
하시는지라
6 제자들이 듣고 엎드려 심히 두려워
하니
7 예수께서 나아와 그들에게 손을 대시
며 이르시되 일어나라 두려워하지 말

1】

2】

3】

4】

5】

6】

7】

라 하시니
8 제자들이 눈을 들고 보매 오직 예수
외에는 아무도 보이지 아니하더라
9 ○ 그들이 산에서 내려올 때에 예수
께서 명하여 이르시되 인자가 죽은
자 가운데서 살아나기 전에는 본 것
을 아무에게도 이르지 말라 하시니
10 제자들이 물어 이르되 그러면 어찌
하여 서기관들이 엘리야가 먼저 와야
하리라 하나이까
11 예수께서 대답하여 이르시되 엘리야
가 과연 먼저 와서 모든 일을 회복하
리라
12 내가 너희에게 말하노니 엘리야가 이
미 왔으되 사람들이 알지 못하고 임
의로 대우하였도다 인자도 이와 같이
그들에게 고난을 받으리라 하시니
13 그제서야 제자들이 예수께서 말씀하
신 것이 세례 요한인 줄을 깨달으니라

귀신 들린 아이를 고치시다
(막 9:14-29; 눅 9:37-43 상)

14 ○ 그들이 무리에게 이르매 한 사람
이 예수께 와서 꿇어 엎드려 이르되
15 주여 내 아들을 불쌍히 여기소서 그
가 간질로 심히 고생하여 자주 불에
도 넘어지며 물에도 넘어지는지라
16 내가 주의 제자들에게 데리고 왔으나
능히 고치지 못하더이다

8】
9】
10】
11】
12】
13】
14】
15】
16】

17 예수께서 대답하여 이르시되 믿음이
없고 패역한 세대여 내가 얼마나 너희
와 함께 있으며 얼마나 너희에게 참으
리요 그를 이리로 데려오라 하시니라
18 이에 예수께서 꾸짖으시니 귀신이 나
가고 아이가 그 때부터 나으니라
19 이 때에 제자들이 조용히 예수께 나
아와 이르되 우리는 어찌하여 쫓아내
지 못하였나이까
20 이르시되 너희 믿음이 작은 까닭이
니라 진실로 너희에게 이르노니 만
일 너희에게 믿음이 겨자씨 한 알 만
큼만 있어도 이 산을 명하여 여기서
저기로 옮겨지라 하면 옮겨질 것이요
또 너희가 못할 것이 없으리라
21 (없음)

죽음과 부활을 다시 이르시다
(막 9:30-32; 눅 9:43 하-45)

22 ○ 갈릴리에 모일 때에 예수께서 제
자들에게 이르시되 인자가 장차 사람
들의 손에 넘겨져
23 죽임을 당하고 제삼일에 살아나리라
하시니 제자들이 매우 근심하더라

성전세를 내시다

24 ○ 가버나움에 이르니 반 세겔 받는 자
들이 베드로에게 나아와 이르되 너의
선생은 반 세겔을 내지 아니하느냐
25 이르되 내신다 하고 집에 들어가니

17】

18】

19】

20】

21】 (없음)

22】

23】

24】

25】

예수께서 먼저 이르시되 시몬아 네
생각은 어떠하냐 세상 임금들이 누구
에게 관세와 국세를 받느냐 자기 아
들에게냐 타인에게냐
26 베드로가 이르되 타인에게니이다 예
수께서 이르시되 그렇다면 아들들은
세를 면하리라
27 그러나 우리가 그들이 실족하지 않게
하기 위하여 네가 바다에 가서 낚시를
던져 먼저 오르는 고기를 가져 입을 열
면 돈 한 세겔을 얻을 것이니 가져다가
나와 너를 위하여 주라 하시니라

26】

27】

천국에서 큰 사람
(막 9:33-37, 42-48; 눅 9:46-48; 15:3-7; 17:1-2)

18
1 그 때에 제자들이 예수께 나아와
이르되 천국에서는 누가 크니이까
2 예수께서 한 어린 아이를 불러 그들
가운데 세우시고
3 이르시되 진실로 너희에게 이르노니
너희가 돌이켜 어린 아이들과 같이
되지 아니하면 결단코 천국에 들어가
지 못하리라
4 그러므로 누구든지 이 어린 아이와
같이 자기를 낮추는 사람이 천국에서
큰 자니라
5 또 누구든지 내 이름으로 이런 어린
아이 하나를 영접하면 곧 나를 영접

1】

2】

3】

4】

5】

함이니
6 누구든지 나를 믿는 이 작은 자 중 하
나를 실족하게 하면 차라리 연자 맷
돌이 그 목에 달려서 깊은 바다에 빠
뜨려지는 것이 나으니라
7 실족하게 하는 일들이 있음으로 말
미암아 세상에 화가 있도다 실족하게
하는 일이 없을 수는 없으나 실족하
게 하는 그 사람에게는 화가 있도다
8 만일 네 손이나 네 발이 너를 범죄하
게 하거든 찍어 내버리라 장애인이나
다리 저는 자로 영생에 들어가는 것
이 두 손과 두 발을 가지고 영원한 불
에 던져지는 것보다 나으니라
9 만일 네 눈이 너를 범죄하게 하거든
빼어 내버리라 한 눈으로 영생에 들
어가는 것이 두 눈을 가지고 지옥 불
에 던져지는 것보다 나으니라
10 삼가 이 작은 자 중의 하나도 업신여
기지 말라 너희에게 말하노니 그들의
천사들이 하늘에서 하늘에 계신 내
아버지의 얼굴을 항상 뵈옵느니라
11 (없음)
12 너희 생각에는 어떠하냐 만일 어떤 사
람이 양 백 마리가 있는데 그 중의 하
나가 길을 잃었으면 그 아흔아홉 마
리를 산에 두고 가서 길 잃은 양을 찾

6】

7】

8】

9】

10】

11】 (없음)

12】

지 않겠느냐
13 진실로 너희에게 이르노니 만일 찾으
면 길을 잃지 아니한 아흔아홉 마리
보다 이것을 더 기뻐하리라
14 이와 같이 이 작은 자 중의 하나라도
잃는 것은 하늘에 계신 너희 아버지
의 뜻이 아니니라

형제가 죄를 범하거든(눅 17:3)

15 ○ 네 형제가 죄를 범하거든 가서 너와
그 사람과만 상대하여 권고하라 만일
들으면 네가 네 형제를 얻은 것이요
16 만일 듣지 않거든 한두 사람을 데리
고 가서 두세 증인의 입으로 말마다
확증하게 하라
17 만일 그들의 말도 듣지 않거든 교회
에 말하고 교회의 말도 듣지 않거든
이방인과 세리와 같이 여기라
18 진실로 너희에게 이르노니 무엇이든
지 너희가 땅에서 매면 하늘에서도
매일 것이요 무엇이든지 땅에서 풀면
하늘에서도 풀리리라
19 진실로 다시 너희에게 이르노니 너희
중의 두 사람이 땅에서 합심하여 무엇
이든지 구하면 하늘에 계신 내 아버지
께서 그들을 위하여 이루게 하시리라
20 두세 사람이 내 이름으로 모인 곳에
는 나도 그들 중에 있느니라

13】

14】

15】

16】

17】

18】

19】

20】

용서할 줄 모르는 종 비유

21 ○ 그 때에 베드로가 나아와 이르되
주여 형제가 내게 죄를 범하면 몇 번
이나 용서하여 주리이까 일곱 번까지
하오리이까
22 예수께서 이르시되 네게 이르노니 일
곱 번뿐 아니라 일곱 번을 일흔 번까
지라도 할지니라
23 그러므로 천국은 그 종들과 결산하려
하던 어떤 임금과 같으니
24 결산할 때에 만 달란트 빚진 자 하나
를 데려오매
25 갚을 것이 없는지라 주인이 명하여
그 몸과 아내와 자식들과 모든 소유
를 다 팔아 갚게 하라 하니
26 그 종이 엎드려 절하며 이르되 내게
참으소서 다 갚으리이다 하거늘
27 그 종의 주인이 불쌍히 여겨 놓아 보
내며 그 빚을 탕감하여 주었더니
28 그 종이 나가서 자기에게 백 데나리
온 빚진 동료 한 사람을 만나 붙들어
목을 잡고 이르되 빚을 갚으라 하매
29 그 동료가 엎드려 간구하여 이르되 나
에게 참아 주소서 갚으리이다 하되
30 허락하지 아니하고 이에 가서 그가
빚을 갚도록 옥에 가두거늘
31 그 동료들이 그것을 보고 몹시 딱하게

21】
22】
23】
24】
25】
26】
27】
28】
29】
30】
31】

여겨 주인에게 가서 그 일을 다 알리니
32 이에 주인이 그를 불러다가 말하되
악한 종아 네가 빌기에 내가 네 빚을
전부 탕감하여 주었거늘
33 내가 너를 불쌍히 여김과 같이 너도
네 동료를 불쌍히 여김이 마땅하지
아니하냐 하고
34 주인이 노하여 그 빚을 다 갚도록 그
를 옥졸들에게 넘기니라
35 너희가 각각 마음으로부터 형제를 용
서하지 아니하면 나의 하늘 아버지께
서도 너희에게 이와 같이 하시리라

32】

33】

34】

35】

이혼에 대하여 가르치시다(막 10:1-12)

19 1 예수께서 이 말씀을 마치시고 갈
릴리를 떠나 요단 강 건너 유대 지
경에 이르시니
2 큰 무리가 따르거늘 예수께서 거기서
그들의 병을 고치시더라
3 ○ 바리새인들이 예수께 나아와 그를 시
험하여 이르되 사람이 어떤 이유가 있으
면 그 아내를 버리는 것이 옳으니이까
4 예수께서 대답하여 이르시되 사람을
지으신 이가 본래 그들을 남자와 여
자로 지으시고
5 말씀하시기를 그러므로 사람이 그 부
모를 떠나서 아내에게 합하여 그 둘

1】

2】

3】

4】

5】

이 한 몸이 될지니라 하신 것을 읽지
못하였느냐
6 그런즉 이제 둘이 아니요 한 몸이니
그러므로 하나님이 짝지어 주신 것을
사람이 나누지 못할지니라 하시니
7 여짜오되 그러면 어찌하여 모세는 이혼
증서를 주어서 버리라 명하였나이까
8 예수께서 이르시되 모세가 너희 마음
의 완악함 때문에 아내 버림을 허락하
였거니와 본래는 그렇지 아니하니라
9 내가 너희에게 말하노니 누구든지 음
행한 이유 외에 아내를 버리고 다른
데 장가 드는 자는 간음함이니라
10 제자들이 이르되 만일 사람이 아내에
게 이같이 할진대 장가 들지 않는 것
이 좋겠나이다
11 예수께서 이르시되 사람마다 이 말을
받지 못하고 오직 타고난 자라야 할
지니라
12 어머니의 태로부터 된 고자도 있고
사람이 만든 고자도 있고 천국을 위
하여 스스로 된 고자도 있도다 이 말
을 받을 만한 자는 받을지어다

어린 아이들에게 안수하시다
(막 10:13-16; 눅 18:15-17)

13 ○ 그 때에 사람들이 예수께서 안수하
고 기도해 주심을 바라고 어린 아이들
을 데리고 오매 제자들이 꾸짖거늘

6】

7】

8】

9】

10】

11】

12】

13】

14 예수께서 이르시되 어린 아이들을 용
납하고 내게 오는 것을 금하지 말라
천국이 이런 사람의 것이니라 하시고
15 그들에게 안수하시고 거기를 떠나시
니라

재물이 많은 청년(막 10:17-31; 눅 18:18-30)

16 ○ 어떤 사람이 주께 와서 이르되 선
생님이여 내가 무슨 선한 일을 하여
야 영생을 얻으리이까
17 예수께서 이르시되 어찌하여 선한 일
을 내게 묻느냐 선한 이는 오직 한 분
이시니라 네가 생명에 들어 가려면
계명들을 지키라
18 이르되 어느 계명이오니이까 예수께
서 이르시되 살인하지 말라, 간음하
지 말라, 도둑질하지 말라, 거짓 증언
하지 말라,
19 네 부모를 공경하라, 네 이웃을 네 자
신과 같이 사랑하라 하신 것이니라
20 그 청년이 이르되 이 모든 것을 내가
지키었사온대 아직도 무엇이 부족하
니이까
21 예수께서 이르시되 네가 온전하고자
할진대 가서 네 소유를 팔아 가난한
자들에게 주라 그리하면 하늘에서 보
화가 네게 있으리라 그리고 와서 나
를 따르라 하시니

14】
15】
16】
17】
18】
19】
20】
21】

22 그 청년이 재물이 많으므로 이 말씀
을 듣고 근심하며 가니라
23 ○ 예수께서 제자들에게 이르시되 내
가 진실로 너희에게 이르노니 부자는
천국에 들어가기가 어려우니라
24 다시 너희에게 말하노니 낙타가 바늘귀
로 들어가는 것이 부자가 하나님의 나라
에 들어가는 것보다 쉬우니라 하시니
25 제자들이 듣고 몹시 놀라 이르되 그렇
다면 누가 구원을 얻을 수 있으리이까
26 예수께서 그들을 보시며 이르시되 사
람으로는 할 수 없으나 하나님으로서
는 다 하실 수 있느니라
27 이에 베드로가 대답하여 이르되 보소
서 우리가 모든 것을 버리고 주를 따
랐사온대 그런즉 우리가 무엇을 얻으
리이까
28 예수께서 이르시되 내가 진실로 너희
에게 이르노니 세상이 새롭게 되어 인
자가 자기 영광의 보좌에 앉을 때에
나를 따르는 너희도 열두 보좌에 앉아
이스라엘 열두 지파를 심판하리라
29 또 내 이름을 위하여 집이나 형제나
자매나 부모나 자식이나 전토를 버린
자마다 여러 배를 받고 또 영생을 상
속하리라
30 그러나 먼저 된 자로서 나중 되고 나

22】

23】

24】

25】

26】

27】

28】

29】

30】

중 된 자로서 먼저 될 자가 많으니라

포도원의 품꾼들

20
1 천국은 마치 품꾼을 얻어 포도원
에 들여보내려고 이른 아침에 나간
집 주인과 같으니
2 그가 하루 한 데나리온씩 품꾼들과
약속하여 포도원에 들여보내고
3 또 제삼시에 나가 보니 장터에 놀고
서 있는 사람들이 또 있는지라
4 그들에게 이르되 너희도 포도원에 들
어가라 내가 너희에게 상당하게 주리
라 하니 그들이 가고
5 제육시와 제구시에 또 나가 그와 같
이 하고
6 제십일시에도 나가 보니 서 있는 사람
들이 또 있는지라 이르되 너희는 어찌
하여 종일토록 놀고 여기 서 있느냐
7 이르되 우리를 품꾼으로 쓰는 이가
없음이니이다 이르되 너희도 포도원
에 들어가라 하니라
8 저물매 포도원 주인이 청지기에게 이르
되 품꾼들을 불러 나중 온 자로부터 시
작하여 먼저 온 자까지 삯을 주라 하니
9 제십일시에 온 자들이 와서 한 데나
리온씩을 받거늘
10 먼저 온 자들이 와서 더 받을 줄 알았

1】
2】
3】
4】
5】
6】
7】
8】
9】
10】

더니 그들도 한 데나리온씩 받은지라
11 받은 후 집 주인을 원망하여 이르되
12 나중 온 이 사람들은 한 시간밖에일하
지 아니하였거늘 그들을 종일수고하며
더위를 견딘 우리와 같게 하였나이다
13 주인이 그 중의 한 사람에게 대답하
여 이르되 친구여 내가 네게 잘못한
것이 없노라 네가 나와 한 데나리온
의 약속을 하지 아니하였느냐
14 네 것이나 가지고 가라 나중 온 이 사람
에게 너와 같이 주는 것이 내 뜻이니라
15 내 것을 가지고 내 뜻대로 할 것이 아니
냐 내가 선하므로 네가 악하게 보느냐
16 이와 같이 나중 된 자로서 먼저 되고
먼저 된 자로서 나중 되리라

죽음과 부활을 세 번째로 이르시다
(막 10:32-34; 눅 18:31-34)

17 ○ 예수께서 예루살렘으로 올라가려
하실 때에 열두 제자를 따로 데리시
고 길에서 이르시되
18 보라 우리가 예루살렘으로 올라가노니
인자가 대제사장들과 서기관들에게 넘
겨지매 그들이 죽이기로 결의하고
19 이방인들에게 넘겨 주어 그를 조롱하
며 채찍질하며 십자가에 못 박게 할
것이나 제삼일에 살아나리라

한 어머니의 요구(막 10:35-45)

20 ○ 그 때에 세베대의 아들의 어머니

11】
12】
13】
14】
15】
16】
17】
18】
19】
20】

가 그 아들들을 데리고 예수께 와서
절하며 무엇을 구하니
21 예수께서 이르시되 무엇을 원하느냐
이르되 나의 이 두 아들을 주의 나라
에서 하나는 주의 우편에, 하나는 주
의 좌편에 앉게 명하소서
22 예수께서 대답하여 이르시되 너희는
너희가 구하는 것을 알지 못하는도다
내가 마시려는 잔을 너희가 마실 수 있
느냐 그들이 말하되 할 수 있나이다
23 이르시되 너희가 과연 내 잔을 마시려니
와 내 좌우편에 앉는 것은 내가 주는 것
이 아니라 내 아버지께서 누구를 위하여
예비하셨든지 그들이 얻을 것이니라
24 열 제자가 듣고 그 두 형제에 대하여
분히 여기거늘
25 예수께서 제자들을 불러다가 이르시
되 이방인의 집권자들이 그들을 임의
로 주관하고 그 고관들이 그들에게 권
세를 부리는 줄을 너희가 알거니와
26 너희 중에는 그렇지 않아야 하나니
너희 중에 누구든지 크고자 하는 자
는 너희를 섬기는 자가 되고
27 너희 중에 누구든지 으뜸이 되고자 하
는 자는 너희의 종이 되어야 하리라
28 인자가 온 것은 섬김을 받으려 함이
아니라 도리어 섬기려 하고 자기 목

21】

22】

23】

24】

25】

26】

27】

28】

숨을 많은 사람의 대속물로 주려 함
이니라

맹인 두 사람을 고치시다(막 10:46-52; 눅 18:35-43)

29 ○ 그들이 여리고에서 떠나 갈 때에
큰 무리가 예수를 따르더라
30 맹인 두 사람이 길 가에 앉았다가 예
수께서 지나가신다 함을 듣고 소리
질러 이르되 주여 우리를 불쌍히 여
기소서 다윗의 자손이여 하니
31 무리가 꾸짖어 잠잠하라 하되 더욱 소
리 질러 이르되 주여 우리를 불쌍히
여기소서 다윗의 자손이여 하는지라
32 예수께서 머물러 서서 그들을 불러
이르시되 너희에게 무엇을 하여 주기
를 원하느냐
33 이르되 주여 우리의 눈 뜨기를 원하
나이다
34 예수께서 불쌍히 여기사 그들의 눈을
만지시니 곧 보게 되어 그들이 예수
를 따르니라

29】
30】
31】
32】
33】
34】

예루살렘에 들어가시다
(막 11:1-11; 눅 19:28-38; 요 12:12-19)

21
1 그들이 예루살렘에 가까이 가서 감
람 산 벳바게에 이르렀을 때에 예
수께서 두 제자를 보내시며
2 이르시되 너희는 맞은편 마을로 가라
그리하면 곧 매인 나귀와 나귀 새끼

1】
2】

가 함께 있는 것을 보리니 풀어 내게
로 끌고 오라
3 만일 누가 무슨 말을 하거든 주가 쓰
시겠다 하라 그리하면 즉시 보내리라
하시니
4 이는 선지자를 통하여 하신 말씀을
이루려 하심이라 일렀으되
5 시온 딸에게 이르기를 네 왕이 네게
임하나니 그는 겸손하여 나귀, 곧 멍
에 메는 짐승의 새끼를 탔도다 하라
하였느니라
6 제자들이 가서 예수께서 명하신 대로
하여
7 나귀와 나귀 새끼를 끌고 와서 자기
들의 겉옷을 그 위에 얹으매 예수께
서 그 위에 타시니
8 무리의 대다수는 그들의 겉옷을 길
에 펴고 다른 이들은 나뭇가지를 베
어 길에 펴고
9 앞에서 가고 뒤에서 따르는 무리가
소리 높여 이르되 호산나 다윗의 자
손이여 찬송하리로다 주의 이름으로
오시는 이여 가장 높은 곳에서 호산
나 하더라
10 예수께서 예루살렘에 들어가시니 온
성이 소동하여 이르되 이는 누구냐 하
거늘

3】

4】

5】

6】

7】

8】

9】

10】

11 무리가 이르되 갈릴리 나사렛에서 나
온 선지자 예수라 하니라

성전을 깨끗하게 하시다
(막 11:15-19; 눅 19:45-48; 요 2:13-22)

12 ○ 예수께서 성전에 들어가사 성전 안
에서 매매하는 모든 사람들을 내쫓으
시며 돈 바꾸는 사람들의 상과 비둘기
파는 사람들의 의자를 둘러 엎으시고
13 그들에게 이르시되 기록된 바 내 집
은 기도하는 집이라 일컬음을 받으리
라 하였거늘 너희는 강도의 소굴을
만드는도다 하시니라
14 맹인과 저는 자들이 성전에서 예수께
나아오매 고쳐주시니
15 대제사장들과 서기관들이 예수께서
하시는 이상한 일과 또 성전에서 소
리 질러 호산나 다윗의 자손이여 하
는 어린이들을 보고 노하여
16 예수께 말하되 그들이 하는 말을 듣
느냐 예수께서 이르시되 그렇다 어린
아기와 젖먹이들의 입에서 나오는 찬
미를 온전하게 하셨나이다 함을 너희
가 읽어 본 일이 없느냐 하시고
17 그들을 떠나 성 밖으로 베다니에 가
서 거기서 유하시니라

무화과나무가 마르다(막 11:12-14, 20-24)

18 ○ 이른 아침에 성으로 들어오실 때
에 시장하신지라

11】

12】

13】

14】

15】

16】

17】

18】

19 길 가에서 한 무화과나무를 보시고 그
리로 가사 잎사귀 밖에 아무 것도 찾지
못하시고 나무에게 이르시되 이제부
터 영원토록 네가 열매를 맺지 못하리
라 하시니 무화과나무가 곧 마른지라
20 제자들이 보고 이상히 여겨 이르되 무
화과나무가 어찌하여 곧 말랐나이까
21 예수께서 대답하여 이르시되 내가 진
실로 너희에게 이르노니 만일 너희가
믿음이 있고 의심하지 아니하면 이 무
화과나무에게 된 이런 일만 할 뿐 아니
라 이 산더러 들려 바다에 던져지라 하
여도 될 것이요
22 너희가 기도할 때에 무엇이든지 믿고
구하는 것은 다 받으리라 하시니라

예수의 권위를 두고 말하다
(막 11:27-33; 눅 20:1-8)

23 ○ 예수께서 성전에 들어가 가르치실
새 대제사장들과 백성의 장로들이 나
아와 이르되 네가 무슨 권위로 이런 일
을 하느냐 또 누가 이 권위를 주었느냐
24 예수께서 대답하시되 나도 한 말을
너희에게 물으리니 너희가 대답하면
나도 무슨 권위로 이런 일을 하는지
이르리라
25 요한의 세례가 어디로부터 왔느냐 하
늘로부터냐 사람으로부터냐 그들이
서로 의논하여 이르되 만일 하늘로부

19】

20】

21】

22】

23】

24】

25】

터라 하면 어찌하여 그를 믿지 아니
하였느냐 할 것이요
26 만일 사람으로부터라 하면 모든 사
람이 요한을 선지자로 여기니 백성이
무섭다 하여
27 예수께 대답하여 이르되 우리가 알지
못하노라 하니 예수께서 이르시되 나
도 무슨 권위로 이런 일을 하는지 너
희에게 이르지 아니하리라
28 그러나 너희 생각에는 어떠하냐 어떤
사람에게 두 아들이 있는데 맏아들에
게 가서 이르되 얘 오늘 포도원에 가
서 일하라 하니
29 대답하여 이르되 아버지 가겠나이다
하더니 가지 아니하고
30 둘째 아들에게 가서 또 그와 같이 말
하니 대답하여 이르되 싫소이다 하였
다가 그 후에 뉘우치고 갔으니
31 그 둘 중의 누가 아버지의 뜻대로 하
였느냐 이르되 둘째 아들이니이다 예
수께서 그들에게 이르시되 내가 진실
로 너희에게 이르노니 세리들과 창녀
들이 너희보다 먼저 하나님의 나라에
들어가리라
32 요한이 의의 도로 너희에게 왔거늘 너
희는 그를 믿지 아니하였으되 세리와
창녀는 믿었으며 너희는 이것을 보고

26】

27】

28】

29】

30】

31】

32】

도 끝내 뉘우쳐 믿지 아니하였도다

포도원 농부 비유(막 12:1-12; 눅 20:9-19)

33 ○ 다른 한 비유를 들으라 한 집 주인이
포도원을 만들어 산울타리로 두르고 거
기에 즙 짜는 틀을 만들고 망대를 짓고
농부들에게 세로 주고 타국에 갔더니
34 열매 거둘 때가 가까우매 그 열매를
받으려고 자기 종들을 농부들에게 보
내니
35 농부들이 종들을 잡아 하나는 심히 때리
고 하나는 죽이고 하나는 돌로 쳤거늘
36 다시 다른 종들을 처음보다 많이 보
내니 그들에게도 그렇게 하였는지라
37 후에 자기 아들을 보내며 이르되 그들
이 내 아들은 존대하리라 하였더니
38 농부들이 그 아들을 보고 서로 말하
되 이는 상속자니 자 죽이고 그의 유
산을 차지하자 하고
39 이에 잡아 포도원 밖에 내쫓아 죽였
느니라
40 그러면 포도원 주인이 올 때에 그 농
부들을 어떻게 하겠느냐
41 그들이 말하되 그 악한 자들을 진멸하
고 포도원은 제 때에 열매를 바칠 만
한 다른 농부들에게 세로 줄지니이다
42 예수께서 이르시되 너희가 성경에 건
축자들이 버린 돌이 모퉁이의 머릿돌

33】

34】

35】

36】

37】

38】

39】

40】

41】

42】

이 되었나니 이것은 주로 말미암아
된 것이요 우리 눈에 기이하도다 함
을 읽어 본 일이 없느냐
43 그러므로 내가 너희에게 이르노니 하
나님의 나라를 너희는 빼앗기고 그
나라의 열매 맺는 백성이 받으리라
44 이 돌 위에 떨어지는 자는 깨지겠고
이 돌이 사람 위에 떨어지면 그를 가
루로 만들어 흩으리라 하시니
45 대제사장들과 바리새인들이 예수의
비유를 듣고 자기들을 가리켜 말씀하
심인 줄 알고
46 잡고자 하나 무리를 무서워하니 이는
그들이 예수를 선지자로 앎이었더라

43】

44】

45】

46】

혼인 잔치 비유(눅 14:15-24)

22 1 예수께서 다시 비유로 대답하여
이르시되
2 천국은 마치 자기 아들을 위하여 혼
인 잔치를 베푼 어떤 임금과 같으니
3 그 종들을 보내어 그 청한 사람들을
혼인 잔치에 오라 하였더니 오기를
싫어하거늘
4 다시 다른 종들을 보내며 이르되 청
한 사람들에게 이르기를 내가 오찬을
준비하되 나의 소와 살진 짐승을 잡
고 모든 것을 갖추었으니 혼인 잔치

1】

2】

3】

4】

에 오소서 하라 하였더니
5 그들이 돌아 보지도 않고 한 사람은
자기 밭으로, 한 사람은 자기 사업하
러 가고
6 그 남은 자들은 종들을 잡아 모욕하
고 죽이니
7 임금이 노하여 군대를 보내어 그 살
인한 자들을 진멸하고 그 동네를 불
사르고
8 이에 종들에게 이르되 혼인 잔치는
준비되었으나 청한 사람들은 합당하
지 아니하니
9 네거리 길에 가서 사람을 만나는 대
로 혼인 잔치에 청하여 오라 한대
10 종들이 길에 나가 악한 자나 선한 자
나 만나는 대로 모두 데려오니 혼인
잔치에 손님들이 가득한지라
11 임금이 손님들을 보러 들어올새 거기
서 예복을 입지 않은 한 사람을 보고
12 이르되 친구여 어찌하여 예복을 입지
않고 여기 들어왔느냐 하니 그가 아
무 말도 못하거늘
13 임금이 사환들에게 말하되 그 손발을
묶어 바깥 어두운 데에 내던지라 거기
서 슬피 울며 이를 갈게 되리라 하니라
14 청함을 받은 자는 많되 택함을 입은
자는 적으니라

5】

6】

7】

8】

9】

10】

11】

12】

13】

14】

가이사에게 세금을 바치는 것
(막 12:13-17; 눅 20:20-26)

15 ○ 이에 바리새인들이 가서 어떻게
하면 예수를 말의 올무에 걸리게 할
까 상의하고
16 자기 제자들을 헤롯 당원들과 함께
예수께 보내어 말하되 선생님이여 우
리가 아노니 당신은 참되시고 진리로
하나님의 도를 가르치시며 아무도 꺼
리는 일이 없으시니 이는 사람을 외
모로 보지 아니하심이니이다
17 그러면 당신의 생각에는 어떠한지 우
리에게 이르소서 가이사에게 세금을
바치는 것이 옳으니이까 옳지 아니하
니이까 하니
18 예수께서 그들의 악함을 아시고 이르
시되 외식하는 자들아 어찌하여 나를
시험하느냐
19 세금 낼 돈을 내게 보이라 하시니 데
나리온 하나를 가져왔거늘
20 예수께서 말씀하시되 이 형상과 이
글이 누구의 것이냐
21 이르되 가이사의 것이니이다 이에 이
르시되 그런즉 가이사의 것은 가이사
에게, 하나님의 것은 하나님께 바치
라 하시니
22 그들이 이 말씀을 듣고 놀랍게 여겨
예수를 떠나가니라

15】

16】

17】

18】

19】

20】

21】

22】

부활 논쟁(막 12:18-27; 눅 20:27-40)

23 ○ 부활이 없다 하는 사두개인들이
그 날 예수께 와서 물어 이르되
24 선생님이여 모세가 일렀으되 사람이
만일 자식이 없이 죽으면 그 동생이
그 아내에게 장가 들어 형을 위하여
상속자를 세울지니라 하였나이다
25 우리 중에 칠 형제가 있었는데 맏이가
장가 들었다가 죽어 상속자가 없으므
로 그 아내를 그 동생에게 물려 주고
26 그 둘째와 셋째로 일곱째까지 그렇게
하다가
27 최후에 그 여자도 죽었나이다
28 그런즉 그들이 다 그를 취하였으니
부활 때에 일곱 중의 누구의 아내가
되리이까
29 예수께서 대답하여 이르시되 너희가
성경도, 하나님의 능력도 알지 못하는
고로 오해하였도다
30 부활 때에는 장가도 아니 가고 시집
도 아니 가고 하늘에 있는 천사들과
같으니라
31 죽은 자의 부활을 논할진대 하나님이
너희에게 말씀하신 바
32 나는 아브라함의 하나님이요 이삭의
하나님이요 야곱의 하나님이로라 하
신 것을 읽어 보지 못하였느냐 하나

23】

24】

25】

26】

27】

28】

29】

30】

31】

32】

님은 죽은 자의 하나님이 아니요 살
아 있는 자의 하나님이시니라 하시니
33 무리가 듣고 그의 가르치심에 놀라
더라

가장 큰 계명(막 12:28-34; 눅 10:25-28)

34 ○ 예수께서 사두개인들로 대답할 수
없게 하셨다 함을 바리새인들이 듣고
모였는데
35 그 중의 한 율법사가 예수를 시험하
여 묻되
36 선생님 율법 중에서 어느 계명이 크
니이까
37 예수께서 이르시되 네 마음을 다하고
목숨을 다하고 뜻을 다하여 주 너의
하나님을 사랑하라 하셨으니
38 이것이 크고 첫째 되는 계명이요
39 둘째도 그와 같으니 네 이웃을 네 자
신 같이 사랑하라 하셨으니
40 이 두 계명이 온 율법과 선지자의 강
령이니라

그리스도와 다윗의 자손(막 12:35-37; 눅 20:41-44)

41 ○ 바리새인들이 모였을 때에 예수께
서 그들에게 물으시되
42 너희는 그리스도에 대하여 어떻게 생
각하느냐 누구의 자손이냐 대답하되
다윗의 자손이니이다
43 이르시되 그러면 다윗이 성령에 감

33】
34】
35】
36】
37】
38】
39】
40】
41】
42】
43】

동되어 어찌 그리스도를 주라 칭하여
말하되
44 주께서 내 주께 이르시되 내가 네 원
수를 네 발 아래에 둘 때까지 내 우편
에 앉아 있으라 하셨도다 하였느냐
45 다윗이 그리스도를 주라 칭하였은즉
어찌 그의 자손이 되겠느냐 하시니
46 한 마디도 능히 대답하는 자가 없고
그 날부터 감히 그에게 묻는 자도 없
더라

44】
45】
46】

서기관들과 바리새인들을 꾸짖으시다
(막 12:38-40; 눅 11:37-52; 20:45-47)

23 1 이에 예수께서 무리와 제자들에
게 말씀하여 이르시되
2 서기관들과 바리새인들이 모세의 자
리에 앉았으니
3 그러므로 무엇이든지 그들이 말하는
바는 행하고 지키되 그들이 하는 행
위는 본받지 말라 그들은 말만 하고
행하지 아니하며
4 또 무거운 짐을 묶어 사람의 어깨에
지우되 자기는 이것을 한 손가락으로
도 움직이려 하지 아니하며
5 그들의 모든 행위를 사람에게 보이고
자 하나니 곧 그 경문 띠를 넓게 하며
옷술을 길게 하고
6 잔치의 윗자리와 회당의 높은 자리와

1】
2】
3】
4】
5】
6】

7 시장에서 문안 받는 것과 사람에게 랍
비라 칭함을 받는 것을 좋아하느니라
8 그러나 너희는 랍비라 칭함을 받지
말라 너희 선생은 하나요 너희는 다
형제니라
9 땅에 있는 자를 아버지라 하지 말라
너희의 아버지는 한 분이시니 곧 하
늘에 계신 이시니라
10 또한 지도자라 칭함을 받지 말라 너
희의 지도자는 한 분이시니 곧 그리
스도시니라
11 너희 중에 큰 자는 너희를 섬기는 자
가 되어야 하리라
12 누구든지 자기를 높이는 자는 낮아지
고 누구든지 자기를 낮추는 자는 높
아지리라
13 ○ 화 있을진저 외식하는 서기관들과
바리새인들이여 너희는 천국 문을 사
람들 앞에서 닫고 너희도 들어가지
않고 들어가려 하는 자도 들어가지
못하게 하는도다
14 (없음)
15 ○ 화 있을진저 외식하는 서기관들과
바리새인들이여 너희는 교인 한 사람
을 얻기 위하여 바다와 육지를 두루
다니다가 생기면 너희보다 배나 더
지옥 자식이 되게 하는도다

7】

8】

9】

10】

11】

12】

13】

14】 (없음)

15】

16 ○ 화 있을진저 눈 먼 인도자여 너희
가 말하되 누구든지 성전으로 맹세하
면 아무 일 없거니와 성전의 금으로
맹세하면 지킬지라 하는도다
17 어리석은 맹인들이여 어느 것이 크냐
그 금이냐 그 금을 거룩하게 하는 성
전이냐
18 너희가 또 이르되 누구든지 제단으로 맹
세하면 아무 일 없거니와 그 위에 있는
예물로 맹세하면 지킬지라 하는도다
19 맹인들이여 어느 것이 크냐 그 예물
이냐 그 예물을 거룩하게 하는 제단
이냐
20 그러므로 제단으로 맹세하는 자는 제
단과 그 위에 있는 모든 것으로 맹세
함이요
21 또 성전으로 맹세하는 자는 성전과
그 안에 계신 이로 맹세함이요
22 또 하늘로 맹세하는 자는 하나님의
보좌와 그 위에 앉으신 이로 맹세함
이니라
23 ○ 화 있을진저 외식하는 서기관들
과 바리새인들이여 너희가 박하와 회
향과 근채의 십일조는 드리되 율법의
더 중한 바 정의와 긍휼과 믿음은 버
렸도다 그러나 이것도 행하고 저것도
버리지 말아야 할지니라

16】

17】

18】

19】

20】

21】

22】

23】

년 월 일

24 맹인 된 인도자여 하루살이는 걸러
내고 낙타는 삼키는도다
25 ○ 화 있을진저 외식하는 서기관들과
바리새인들이여 잔과 대접의 겉은 깨
끗이 하되 그 안에는 탐욕과 방탕으
로 가득하게 하는도다
26 눈 먼 바리새인이여 너는 먼저 안을 깨
끗이 하라 그리하면 겉도 깨끗하리라
27 ○ 화 있을진저 외식하는 서기관들과
바리새인들이여 회칠한 무덤 같으니
겉으로는 아름답게 보이나 그 안에는
죽은 사람의 뼈와 모든 더러운 것이
가득하도다
28 이와 같이 너희도 겉으로는 사람에게
옳게 보이되 안으로는 외식과 불법이
가득하도다
29 ○ 화 있을진저 외식하는 서기관들과
바리새인들이여 너희는 선지자들의
무덤을 만들고 의인들의 비석을 꾸미
며 이르되
30 만일 우리가 조상 때에 있었더라면
우리는 그들이 선지자의 피를흘리는
데 참여하지 아니하였으리라 하니
31 그러면 너희가 선지자를 죽인 자의
자손임을 스스로 증명함이로다
32 너희가 너희 조상의 분량을 채우라
33 뱀들아 독사의 새끼들아 너희가 어떻

24】

25】

26】

27】

28】

29】

30】

31】

32】

33】

게 지옥의 판결을 피하겠느냐
34 그러므로 내가 너희에게 선지자들과
지혜 있는 자들과 서기관들을 보내매
너희가 그 중에서 더러는 죽이거나 십
자가에 못 박고 그 중에서 더러는 너
희 회당에서 채찍질하고 이 동네에서
저 동네로 따라다니며 박해하리라
35 그러므로 의인 아벨의 피로부터 성전
과 제단 사이에서 너희가 죽인 바라
갸의 아들 사가랴의 피까지 땅 위에
서 흘린 의로운 피가 다 너희에게 돌
아가리라
36 내가 진실로 너희에게 이르노니 이것
이 다 이 세대에 돌아가리라

예루살렘을 두고 이르시다(눅 13:34-35)

37 ○ 예루살렘아 예루살렘아 선지자들
을 죽이고 네게 파송된 자들을 돌로
치는 자여 암탉이 그 새끼를 날개 아
래에 모음 같이 내가 네 자녀를 모으
려 한 일이 몇 번이더냐 그러나 너희
가 원하지 아니하였도다
38 보라 너희 집이 황폐하여 버려진 바
되리라
39 내가 너희에게 이르노니 이제부터 너
희는 찬송하리로다 주의 이름으로 오
시는 이여 할 때까지 나를 보지 못하
리라 하시니라

34】

35】

36】

37】

38】

39】

성전이 무너뜨려질 것을 예언하시다
(막 13:1-2; 눅 21:5-6)

24
1 예수께서 성전에서 나와서 가실때
에 제자들이 성전 건물들을 가리켜
보이려고 나아오니
2 대답하여 이르시되 너희가 이 모든
것을 보지 못하느냐 내가 진실로 너
희에게 이르노니 돌 하나도 돌 위에
남지 않고 다 무너뜨려지리라

재난의 징조 막 13:3-13; 눅 21:7-19)

3 ○ 예수께서 감람 산 위에 앉으셨을
때에 제자들이 조용히 와서 이르되 우
리에게 이르소서 어느 때에 이런 일이
있겠사오며 또 주의 임하심과 세상 끝
에는 무슨 징조가 있사오리이까
4 예수께서 대답하여 이르시되 너희가
사람의 미혹을 받지 않도록 주의하라
5 많은 사람이 내 이름으로 와서 이르
되 나는 그리스도라 하여 많은 사람
을 미혹하리라
6 난리와 난리 소문을 듣겠으나 너희는
삼가 두려워하지 말라 이런 일이 있
어야 하되 아직 끝은 아니니라
7 민족이 민족을, 나라가 나라를 대적
하여 일어나겠고 곳곳에 기근과 지진
이 있으리니
8 이 모든 것은 재난의 시작이니라
9 그 때에 사람들이 너희를 환난에 넘

1】

2】

3】

4】

5】

6】

7】

8】

9】

겨 주겠으며 너희를 죽이리니 너희가
내 이름 때문에 모든 민족에게 미움
을 받으리라
10 그 때에 많은 사람이 실족하게 되어
서로 잡아 주고 서로 미워하겠으며
11 거짓 선지자가 많이 일어나 많은 사
람을 미혹하겠으며
12 불법이 성하므로 많은 사람의 사랑이
식어지리라
13 그러나 끝까지 견디는 자는 구원을
얻으리라
14 이 천국 복음이 모든 민족에게 증언
되기 위하여 온 세상에 전파되리니
그제야 끝이 오리라

가장 큰 환난(막 13:14-23; 눅 21:20-24)

15 ○ 그러므로 너희가 선지자 다니엘이
말한 바 멸망의 가증한 것이 거룩한
곳에 선 것을 보거든(읽는 자는 깨달
을진저)
16 그 때에 유대에 있는 자들은 산으로
도망할지어다
17 지붕 위에 있는 자는 집 안에 있는 물
건을 가지러 내려 가지 말며
18 밭에 있는 자는 겉옷을 가지러 뒤로
돌이키지 말지어다
19 그 날에는 아이 밴 자들과 젖 먹이는
자들에게 화가 있으리로다

10】
11】
12】
13】
14】
15】
16】
17】
18】
19】

20 너희가 도망하는 일이 겨울에나 안식
일에 되지 않도록 기도하라
21 이는 그 때에 큰 환난이 있겠음이라
창세로부터 지금까지 이런 환난이 없
었고 후에도 없으리라
22 그 날들을 감하지 아니하면 모든 육
체가 구원을 얻지 못할 것이나 그러
나 택하신 자들을 위하여 그 날들을
감하시리라
23 그 때에 사람이 너희에게 말하되 보
라 그리스도가 여기 있다 혹은 저기
있다 하여도 믿지 말라
24 거짓 그리스도들과 거짓 선지자들이
일어나 큰 표적과 기사를 보여 할 수
만 있으면 택하신 자들도 미혹하리라
25 보라 내가 너희에게 미리 말하였노라
26 그러면 사람들이 너희에게 말하되 보
라 그리스도가 광야에 있다 하여도
나가지 말고 보라 골방에 있다 하여
도 믿지 말라
27 번개가 동편에서 나서 서편까지 번쩍
임 같이 인자의 임함도 그러하리라
28 주검이 있는 곳에는 독수리들이 모일
것이니라

인자가 오는 것을 보리라(막 13:24-27; 눅 21:25-28)

29 ○ 그 날 환난 후에 즉시 해가 어두워
지며 달이 빛을 내지 아니하며 별들

20】

21】

22】

23】

24】

25】

26】

27】

28】

29】

이 하늘에서 떨어지며 하늘의 권능들
이 흔들리리라
30 그 때에 인자의 징조가 하늘에서 보이
겠고 그 때에 땅의 모든 족속들이 통
곡하며 그들이 인자가 구름을 타고 능
력과 큰 영광으로 오는 것을 보리라
31 그가 큰 나팔소리와 함께 천사들을
보내리니 그들이 그의 택하신 자들을
하늘 이 끝에서 저 끝까지 사방에서
모으리라

무화과나무에서 배울 교훈 (막 13:28-37; 눅 21:29-33; 17:26-30, 34-36; 12:35-48;)

32 ○ 무화과나무의 비유를 배우라 그
가지가 연하여지고 잎사귀를 내면 여
름이 가까운 줄을 아나니
33 이와 같이 너희도 이 모든 일을 보거든
인자가 가까이 곧 문 앞에 이른 줄 알라
34 내가 진실로 너희에게 말하노니 이
세대가 지나가기 전에 이 일이 다 일
어나리라
35 천지는 없어질지언정 내 말은 없어지
지 아니하리라
36 그러나 그 날과 그 때는 아무도 모르
나니 하늘의 천사들도, 아들도 모르고
오직 아버지만 아시느니라
37 노아의 때와 같이 인자의 임함도 그
러하리라
38 홍수 전에 노아가 방주에 들어가던

30】

31】

32】

33】

34】

35】

36】

37】

38】

날까지 사람들이 먹고 마시고 장가
들고 시집 가고 있으면서
39 홍수가 나서 그들을 다 멸하기까지
깨닫지 못하였으니 인자의 임함도 이
와 같으리라
40 그 때에 두 사람이 밭에 있으매 한 사
람은 데려가고 한 사람은 버려둠을
당할 것이요
41 두 여자가 맷돌질을 하고 있으매 한
사람은 데려가고 한 사람은 버려둠을
당할 것이니라
42 그러므로 깨어 있으라 어느 날에 너
희 주가 임할는지 너희가 알지 못함
이니라
43 너희도 아는 바니 만일 집 주인이 도
둑이 어느 시각에 올 줄을 알았더라
면 깨어 있어 그 집을 뚫지 못하게 하
였으리라
44 이러므로 너희도 준비하고 있으라 생
각하지 않은 때에 인자가 오리라
45 충성되고 지혜 있는 종이 되어 주인
에게 그 집 사람들을 맡아 때를 따라
양식을 나눠 줄 자가 누구냐
46 주인이 올 때에 그 종이 이렇게 하는
것을 보면 그 종이 복이 있으리로다
47 내가 진실로 너희에게 이르노니 주인
이 그의 모든 소유를 그에게 맡기리라

39】

40】

41】

42】

43】

44】

45】

46】

47】

48 만일 그 악한 종이 마음에 생각하기
를 주인이 더디 오리라 하여
49 동료들을 때리며 술친구들과 더불어
먹고 마시게 되면
50 생각하지 않은 날 알지 못하는 시각
에 그 종의 주인이 이르러
51 엄히 때리고 외식하는 자가 받는 벌
에 처하리니 거기서 슬피 울며 이를
갈리라

48】
49】
50】
51】

열 처녀 비유

25 1 그 때에 천국은 마치 등을 들고 신
랑을 맞으러 나간 열 처녀와 같다
하리니
2 그 중의 다섯은 미련하고 다섯은 슬
기 있는 자라
3 미련한 자들은 등을 가지되 기름을
가지지 아니하고
4 슬기 있는 자들은 그릇에 기름을 담
아 등과 함께 가져갔더니
5 신랑이 더디 오므로 다 졸며 잘새
6 밤중에 소리가 나되 보라 신랑이로다
맞으러 나오라 하매
7 이에 그 처녀들이 다 일어나 등을 준
비할새
8 미련한 자들이 슬기 있는 자들에게
이르되 우리 등불이 꺼져가니 너희

1】
2】
3】
4】
5】
6】
7】
8】

기름을 좀 나눠 달라 하거늘
9 슬기 있는 자들이 대답하여 이르되
우리와 너희가 쓰기에 다 부족할까
하노니 차라리 파는 자들에게 가서
너희 쓸 것을 사라 하니
10 그들이 사러 간 사이에 신랑이 오므
로 준비하였던 자들은 함께 혼인 잔
치에 들어가고 문은 닫힌지라
11 그 후에 남은 처녀들이 와서 이르되
주여 주여 우리에게 열어 주소서
12 대답하여 이르되 진실로 너희에게 이
르노니 내가 너희를 알지 못하노라
하였느니라
13 그런즉 깨어 있으라 너희는 그 날과
그 때를 알지 못하느니라

달란트 비유(눅 19:11-27)

14 ○ 또 어떤 사람이 타국에 갈 때 그 종
들을 불러 자기 소유를 맡김과 같으니
15 각각 그 재능대로 한 사람에게는 금
다섯 달란트를, 한 사람에게는 두 달
란트를, 한 사람에게는 한 달란트를
주고 떠났더니
16 다섯 달란트 받은 자는 바로 가서 그
것으로 장사하여 또 다섯 달란트를
남기고
17 두 달란트 받은 자도 그같이 하여 또
두 달란트를 남겼으되

9】
10】
11】
12】
13】
14】
15】
16】
17】

18 한 달란트 받은 자는 가서 땅을 파고
그 주인의 돈을 감추어 두었더니
19 오랜 후에 그 종들의 주인이 돌아와
그들과 결산할새
20 다섯 달란트 받았던 자는 다섯 달란
트를 더 가지고 와서 이르되 주인이여
내게 다섯 달란트를 주셨는데 보소서
내가 또 다섯 달란트를 남겼나이다
21 그 주인이 이르되 잘하였도다 착하고
충성된 종아 네가 적은 일에 충성하였
으매 내가 많은 것을 네게 맡기리니 네
주인의 즐거움에 참여할지어다 하고
22 두 달란트 받았던 자도 와서 이르되 주
인이여 내게 두 달란트를 주셨는데 보
소서 내가 또 두 달란트를 남겼나이다
23 그 주인이 이르되 잘하였도다 착하고
충성된 종아 네가 적은 일에 충성하였
으매 내가 많은 것을 네게 맡기리니 네
주인의 즐거움에 참여할지어다 하고
24 한 달란트 받았던 자는 와서 이르되
주인이여 당신은 굳은 사람이라 심지
않은 데서 거두고 헤치지 않은 데서
모으는 줄을 내가 알았으므로
25 두려워하여 나가서 당신의 달란트를
땅에 감추어 두었었나이다 보소서 당
신의 것을 가지셨나이다
26 그 주인이 대답하여 이르되 악하고

18】

19】

20】

21】

22】

23】

24】

25】

26】

게으른 종아 나는 심지 않은 데서 거
두고 헤치지 않은 데서 모으는 줄로
네가 알았느냐
27 그러면 네가 마땅히 내 돈을 취리하
는 자들에게나 맡겼다가 내가 돌아와
서 내 원금과 이자를 받게 하였을 것
이니라 하고
28 그에게서 그 한 달란트를 빼앗아 열
달란트 가진 자에게 주라
29 무릇 있는 자는 받아 풍족하게 되고 없
는 자는 그 있는 것까지 빼앗기리라
30 이 무익한 종을 바깥 어두운 데로 내
쫓으라 거기서 슬피 울며 이를 갈리
라 하니라

인자가 모든 천사와 함께 올 때

31 ○ 인자가 자기 영광으로 모든 천사
와 함께 올 때에 자기 영광의 보좌에
앉으리니
32 모든 민족을 그 앞에 모으고 각각 구
분하기를 목자가 양과 염소를 구분하
는 것 같이 하여
33 양은 그 오른편에 염소는 왼편에 두
리라
34 그 때에 임금이 그 오른편에 있는 자
들에게 이르시되 내 아버지께 복 받을
자들이여 나아와 창세로부터 너희를
위하여 예비된 나라를 상속받으라

27】

28】

29】

30】

31】

32】

33】

34】

35 내가 주릴 때에 너희가 먹을 것을 주
었고 목마를 때에 마시게 하였고 나
그네 되었을 때에 영접하였고
36 헐벗었을 때에 옷을 입혔고 병들었을
때에 돌보았고 옥에 갇혔을 때에 와
서 보았느니라
37 이에 의인들이 대답하여 이르되 주여
우리가 어느 때에 주께서 주리신 것
을 보고 음식을 대접하였으며 목마르
신 것을 보고 마시게 하였나이까
38 어느 때에 나그네 되신 것을 보고 영
접하였으며 헐벗으신 것을 보고 옷
입혔나이까
39 어느 때에 병드신 것이나 옥에 갇히신
것을 보고 가서 뵈었나이까 하리니
40 임금이 대답하여 이르시되 내가 진실
로 너희에게 이르노니 너희가 여기 내
형제 중에 지극히 작은 자 하나에게
한 것이 곧 내게 한 것이니라 하시고
41 또 왼편에 있는 자들에게 이르시되
저주를 받은 자들아 나를 떠나 마귀
와 그 사자들을 위하여 예비된 영원
한 불에 들어가라
42 내가 주릴 때에 너희가 먹을 것을 주
지 아니하였고 목마를 때에 마시게
하지 아니하였고
43 나그네 되었을 때에 영접하지 아니하

35】

36】

37】

38】

39】

40】

41】

42】

43】

년 월 일

였고 헐벗었을 때에 옷 입히지 아니
하였고 병들었을 때와 옥에 갇혔을
때에 돌보지 아니하였느니라 하시니
44 그들도 대답하여 이르되 주여 우리가
어느 때에 주께서 주리신 것이나 목마
르신 것이나 나그네 되신 것이나 헐벗
으신 것이나 병드신 것이나 옥에 갇히
신 것을 보고 공양하지 아니하더이까
45 이에 임금이 대답하여 이르시되 내가
진실로 너희에게 이르노니 이 지극히
작은 자 하나에게 하지 아니한 것이 곧
내게 하지 아니한 것이니라 하시리니
46 그들은 영벌에, 의인들은 영생에 들어
가리라 하시니라

44】
45】
46】

예수를 죽이려고 의논하다
(막 14:1-2; 눅 22:1-2; 요 11:45-53)

26 1 예수께서 이 말씀을 다 마치시고
제자들에게 이르시되
2 너희가 아는 바와 같이 이틀이 지나
면 유월절이라 인자가 십자가에 못
박히기 위하여 팔리리라 하시더라
3 그 때에 대제사장들과 백성의 장로들
이 가야바라 하는 대제사장의 관정에
모여
4 예수를 흉계로 잡아 죽이려고 의논
하되
5 말하기를 민란이 날까 하노니 명절에

1】
2】
3】
4】
5】

는 하지 말자 하더라

예수의 머리에 향유를 붓다(막 14:3-9; 요 12:1-8)

6 ○ 예수께서 베다니 나병환자 시몬의
집에 계실 때에
7 한 여자가 매우 귀한 향유 한 옥합을
가지고 나아와서 식사하시는 예수의
머리에 부으니
8 제자들이 보고 분개하여 이르되 무슨
의도로 이것을 허비하느냐
9 이것을 비싼 값에 팔아 가난한 자들
에게 줄 수 있었겠도다 하거늘
10 예수께서 아시고 그들에게 이르시되
너희가 어찌하여 이 여자를 괴롭게 하
느냐 그가 내게 좋은 일을 하였느니라
11 가난한 자들은 항상 너희와 함께 있거
니와 나는 항상 함께 있지 아니하리라
12 이 여자가 내 몸에 이 향유를 부은 것
은 내 장례를 위하여 함이니라
13 내가 진실로 너희에게 이르노니 온
천하에 어디서든지 이 복음이 전파되
는 곳에서는 이 여자가 행한 일도 말
하여 그를 기억하리라 하시니라

유다가 배반하다(막 14:10-11; 눅 22:3-6)

14 ○ 그 때에 열둘 중의 하나인 가룟 유
다라 하는 자가 대제사장들에게 가서
말하되
15 내가 예수를 너희에게 넘겨 주리니

6】

7】

8】

9】

10】

11】

12】

13】

14】

15】

얼마나 주려느냐 하니 그들이 은 삼
십을 달아 주거늘
16 그가 그 때부터 예수를 넘겨 줄 기회
를 찾더라

마지막 만찬 (막 14:12-26; 눅 22:7-23;
요 13:21-30; 고전 11:23-25)

17 ○ 무교절의 첫날에 제자들이 예수께
나아와서 이르되 유월절 음식 잡수실
것을 우리가 어디서 준비하기를 원하
시나이까
18 이르시되 성안 아무에게 가서 이르되
선생님 말씀이 내 때가 가까이 왔으
니 내 제자들과 함께 유월절을 네 집
에서 지키겠다 하시더라 하라 하시니
19 제자들이 예수께서 시키신 대로 하여
유월절을 준비하였더라
20 저물 때에 예수께서 열두 제자와 함
께 앉으셨더니
21 그들이 먹을 때에 이르시되 내가 진
실로 너희에게 이르노니 너희 중의
한 사람이 나를 팔리라 하시니
22 그들이 몹시 근심하여 각각 여짜오되
주여 나는 아니지요
23 대답하여 이르시되 나와 함께 그릇에
손을 넣는 그가 나를 팔리라
24 인자는 자기에 대하여 기록된 대로
가거니와 인자를 파는 그 사람에게
는 화가 있으리로다 그 사람은 차라

16】
17】
18】
19】
20】
21】
22】
23】
24】

리 태어나지 아니하였더라면 제게 좋
을 뻔하였느니라
25 예수를 파는 유다가 대답하여 이르되
랍비여 나는 아니지요 대답하시되 네
가 말하였도다 하시니라
26 그들이 먹을 때에 예수께서 떡을 가
지사 축복하시고 떼어 제자들에게 주
시며 이르시되 받아서 먹으라 이것은
내 몸이니라 하시고
27 또 잔을 가지사 감사 기도 하시고 그
들에게 주시며 이르시되 너희가 다
이것을 마시라
28 이것은 죄 사함을 얻게 하려고 많은
사람을 위하여 흘리는 바 나의 피 곧
언약의 피니라
29 그러나 너희에게 이르노니 내가 포도
나무에서 난 것을 이제부터 내 아버
지의 나라에서 새것으로 너희와 함께
마시는 날까지 마시지 아니하리라 하
시니라
30 ○ 이에 그들이 찬미하고 감람 산으
로 나아가니라

베드로가 부인할 것을 예언하시다
(막 14:27-31; 눅 22:31-34; 요 13:36-38)

31 ○ 그 때에 예수께서 제자들에게 이르
시되 오늘 밤에 너희가 다 나를 버리
리라 기록된 바 내가 목자를 치리니
양의 떼가 흩어지리라 하였느니라

25】

26】

27】

28】

29】

30】

31】

32 그러나 내가 살아난 후에 너희보다
먼저 갈릴리로 가리라
33 베드로가 대답하여 이르되 모두 주를
버릴지라도 나는 결코 버리지 않겠나
이다
34 예수께서 이르시되 내가 진실로 네게
이르노니 오늘 밤 닭 울기 전에 네가
세 번 나를 부인하리라
35 베드로가 이르되 내가 주와 함께 죽을
지언정 주를 부인하지 않겠나이다 하
고 모든 제자도 그와 같이 말하니라

겟세마네에서 기도하시다
(막 14:32-42; 눅 22:39-46)

36 ○ 이에 예수께서 제자들과 함께 겟세
마네라 하는 곳에 이르러 제자들에게
이르시되 내가 저기 가서 기도할 동안
에 너희는 여기 앉아 있으라 하시고
37 베드로와 세베대의 두 아들을 데리고
가실새 고민하고 슬퍼하사
38 이에 말씀하시되 내 마음이 매우 고민
하여 죽게 되었으니 너희는 여기 머물
러 나와 함께 깨어 있으라 하시고
39 조금 나아가사 얼굴을 땅에 대시고
엎드려 기도하여 이르시되 내 아버
지여 만일 할 만하시거든 이 잔을 내
게서 지나가게 하옵소서 그러나 나의
원대로 마시옵고 아버지의 원대로 하
옵소서 하시고

32】

33】

34】

35】

36】

37】

38】

39】

40 제자들에게 오사 그 자는 것을 보시
고 베드로에게 말씀하시되 너희가 나
와 함께 한 시간도 이렇게 깨어 있을
수 없더냐
41 시험에 들지 않게 깨어 기도하라 마
음에는 원이로되 육신이 약하도다 하
시고
42 다시 두 번째 나아가 기도하여 이르
시되 내 아버지여 만일 내가 마시지
않고는 이 잔이 내게서 지나갈 수 없
거든 아버지의 원대로 되기를 원하나
이다 하시고
43 다시 오사 보신즉 그들이 자니 이는
그들의 눈이 피곤함일러라
44 또 그들을 두시고 나아가 세 번째 같
은 말씀으로 기도하신 후
45 이에 제자들에게 오사 이르시되 이제
는 자고 쉬라 보라 때가 가까이 왔으
니 인자가 죄인의 손에 팔리느니라
46 일어나라 함께 가자 보라 나를 파는
자가 가까이 왔느니라

잡히시다(막 14:43-50; 눅 22:47-53; 요 18:3-12)

47 ○ 말씀하실 때에 열둘 중의 하나인
유다가 왔는데 대제사장들과 백성의
장로들에게서 파송된 큰 무리가 칼과
몽치를 가지고 그와 함께 하였더라
48 예수를 파는 자가 그들에게 군호를

40】

41】

42】

43】

44】

45】

46】

47】

48】

짜 이르되 내가 입맞추는 자가 그이
니 그를 잡으라 한지라
49 곧 예수께 나아와 랍비여 안녕하시옵
니까 하고 입을 맞추니
50 예수께서 이르시되 친구여 네가 무엇
을 하려고 왔는지 행하라 하신대 이
에 그들이 나아와 예수께 손을 대어
잡는지라
51 예수와 함께 있던 자 중의 하나가 손
을 펴 칼을 빼어 대제사장의 종을 쳐
그 귀를 떨어뜨리니
52 이에 예수께서 이르시되 네 칼을 도
로 칼집에 꽂으라 칼을 가지는 자는
다 칼로 망하느니라
53 너는 내가 내 아버지께 구하여 지금
열두 군단 더 되는 천사를 보내시게
할 수 없는 줄로 아느냐
54 내가 만일 그렇게 하면 이런 일이 있
으리라 한 성경이 어떻게 이루어지겠
느냐 하시더라
55 그 때에 예수께서 무리에게 말씀하시
되 너희가 강도를 잡는 것 같이 칼과
몽치를 가지고 나를 잡으러 나왔느냐
내가 날마다 성전에 앉아 가르쳤으되
너희가 나를 잡지 아니하였도다
56 그러나 이렇게 된 것은 다 선지자들
의 글을 이루려 함이니라 하시더라

49】

50】

51】

52】

53】

54】

55】

56】

이에 제자들이 다 예수를 버리고 도
망하니라

공회 앞에 서시다
(막 14:53-65; 눅 22:54-55, 63-71; 요 18:13-14, 19-24)

57 ○ 예수를 잡은 자들이 그를 끌고 대
제사장 가야바에게로 가니 거기 서기
관과 장로들이 모여 있더라
58 베드로가 멀찍이 예수를 따라 대제사
장의 집 뜰에까지 가서 그 결말을 보
려고 안에 들어가 하인들과 함께 앉
아 있더라
59 대제사장들과 온 공회가 예수를 죽이
려고 그를 칠 거짓 증거를 찾으매
60 거짓 증인이 많이 왔으나 얻지 못하
더니 후에 두 사람이 와서
61 이르되 이 사람의 말이 내가 하나님
의 성전을 헐고 사흘 동안에 지을 수
있다 하더라 하니
62 대제사장이 일어서서 예수께 묻되 아
무 대답도 없느냐 이 사람들이 너를
치는 증거가 어떠하냐 하되
63 예수께서 침묵하시거늘 대제사장이
이르되 내가 너로 살아 계신 하나님
께 맹세하게 하노니 네가 하나님의
아들 그리스도인지 우리에게 말하라
64 예수께서 이르시되 네가 말하였느니
라 그러나 내가 너희에게 이르노니
이 후에 인자가 권능의 우편에 앉아

57】

58】

59】

60】

61】

62】

63】

64】

있는 것과 하늘 구름을 타고 오는 것
을 너희가 보리라 하시니
65 이에 대제사장이 자기 옷을 찢으며 이
르되 그가 신성 모독 하는 말을 하였
으니 어찌 더 증인을 요구하리요 보
라 너희가 지금 이 신성 모독 하는 말
을 들었도다
66 너희 생각은 어떠하냐 대답하여 이르
되 그는 사형에 해당하니라 하고
67 이에 예수의 얼굴에 침 뱉으며 주먹
으로 치고 어떤 사람은 손바닥으로
때리며
68 이르되 그리스도야 우리에게 선지자 노
릇을 하라 너를 친 자가 누구냐 하더라

베드로가 예수를 알지 못한다고 하다
(막 14:66-72; 눅 22:56-62; 요 18:15-18, 25-27)

69 ○ 베드로가 바깥 뜰에 앉았더니 한
여종이 나아와 이르되 너도 갈릴리
사람 예수와 함께 있었도다 하거늘
70 베드로가 모든 사람 앞에서 부인하여
이르되 나는 네가 무슨 말을 하는지
알지 못하겠노라 하며
71 앞문까지 나아가니 다른 여종이 그
를 보고 거기 있는 사람들에게 말하
되 이 사람은 나사렛 예수와 함께 있
었도다 하매
72 베드로가 맹세하고 또 부인하여 이르
되 나는 그 사람을 알지 못하노라 하

65】

66】

67】

68】

69】

70】

71】

72】

더라
73 조금 후에 곁에 섰던 사람들이 나아
와 베드로에게 이르되 너도 진실로
그 도당이라 네 말소리가 너를 표명
한다 하거늘
74 그가 저주하며 맹세하여 이르되 나는
그 사람을 알지 못하노라 하니 곧 닭
이 울더라
75 이에 베드로가 예수의 말씀에 닭 울
기 전에 네가 세 번 나를 부인하리라
하심이 생각나서 밖에 나가서 심히
통곡하니라

73】
74】
75】

예수를 빌라도에게 넘기다
(막 15:1; 눅 23:1-2; 요 18:28-32)

27 1 새벽에 모든 대제사장과 백성의
장로들이 예수를 죽이려고 함께
의논하고
2 결박하여 끌고 가서 총독 빌라도에게
넘겨 주니라

유다가 목매어 죽다(행 1:18-19)

3 ○ 그 때에 예수를 판 유다가 그의 정
죄됨을 보고 스스로 뉘우쳐 그 은 삼
십을 대제사장들과 장로들에게 도로
갖다 주며
4 이르되 내가 무죄한 피를 팔고 죄를
범하였도다 하니 그들이 이르되 그것
이 우리에게 무슨 상관이냐 네가 당

1】
2】
3】
4】

하라 하거늘
5 유다가 은을 성소에 던져 넣고 물러
가서 스스로 목매어 죽은지라
6 대제사장들이 그 은을 거두며 이르되
이것은 핏값이라 성전고에 넣어 둠이
옳지 않다 하고
7 의논한 후 이것으로 토기장이의 밭을
사서 나그네의 묘지를 삼았으니
8 그러므로 오늘날까지 그 밭을 피밭이
라 일컫느니라
9 이에 선지자 예레미야를 통하여 하신
말씀이 이루어졌나니 일렀으되 그들
이 그 가격 매겨진 자 곧 이스라엘 자
손 중에서 가격 매긴 자의 가격 곧 은
삼십을 가지고
10 토기장이의 밭 값으로 주었으니 이
는 주께서 내게 명하신 바와 같으니
라 하였더라

십자가에 못 박히게 예수를 넘기다
(막 15:2-15; 눅 23:3-5, 13-25; 요 18:33-19:16)

11 ○ 예수께서 총독 앞에 섰으매 총독
이 물어 이르되 네가 유대인의 왕이
냐 예수께서 대답하시되 네 말이 옳
도다 하시고
12 대제사장들과 장로들에게 고발을 당
하되 아무 대답도 아니하시는지라
13 이에 빌라도가 이르되 그들이 너를
쳐서 얼마나 많은 것으로 증언하는지

5】
6】
7】
8】
9】
10】
11】
12】
13】

듣지 못하느냐 하되
14 한 마디도 대답하지 아니하시니 총독
이 크게 놀라워하더라
15 명절이 되면 총독이 무리의 청원대로 죄
수 한 사람을 놓아 주는 전례가 있더니
16 그 때에 바라바라 하는 유명한 죄수
가 있는데
17 그들이 모였을 때에 빌라도가 물어
이르되 너희는 내가 누구를 너희에게
놓아 주기를 원하느냐 바라바냐 그리
스도라 하는 예수냐 하니
18 이는 그가 그들의 시기로 예수를 넘
겨 준 줄 앎이더라
19 총독이 재판석에 앉았을 때에 그의
아내가 사람을 보내어 이르되 저 옳
은 사람에게 아무 상관도 하지 마옵
소서 오늘 꿈에 내가 그 사람으로 인
하여 애를 많이 태웠나이다 하더라
20 대제사장들과 장로들이 무리를 권하
여 바라바를 달라 하게 하고 예수를
죽이자 하게 하였더니
21 총독이 대답하여 이르되 둘 중의 누
구를 너희에게 놓아 주기를 원하느냐
이르되 바라바로소이다
22 빌라도가 이르되 그러면 그리스도라
하는 예수를 내가 어떻게 하랴 그들
이 다 이르되 십자가에 못 박혀야 하

14】

15】

16】

17】

18】

19】

20】

21】

22】

겠나이다
23 빌라도가 이르되 어찜이냐 무슨 악한
일을 하였느냐 그들이 더욱 소리 질
러 이르되 십자가에 못 박혀야 하겠
나이다 하는지라
24 빌라도가 아무 성과도 없이 도리어
민란이 나려는 것을 보고 물을 가져
다가 무리 앞에서 손을 씻으며 이르
되 이 사람의 피에 대하여 나는 무죄
하니 너희가 당하라
25 백성이 다 대답하여 이르되 그 피를 우
리와 우리 자손에게 돌릴지어다 하거늘
26 이에 바라바는 그들에게 놓아 주고
예수는 채찍질하고 십자가에 못 박히
게 넘겨 주니라

군병들이 예수를 희롱하다(막 15:16-20; 요 19:2-3)

27 ○ 이에 총독의 군병들이 예수를 데
리고 관정 안으로 들어가서 온 군대
를 그에게로 모으고
28 그의 옷을 벗기고 홍포를 입히며
29 가시관을 엮어 그 머리에 씌우고 갈
대를 그 오른손에 들리고 그 앞에서
무릎을 꿇고 희롱하여 이르되 유대인
의 왕이여 평안할지어다 하며
30 그에게 침 뱉고 갈대를 빼앗아 그의
머리를 치더라
31 희롱을 다 한 후 홍포를 벗기고 도로

23】

24】

25】

26】

27】

28】

29】

30】

31】

그의 옷을 입혀 십자가에 못 박으려
고 끌고 나가니라

십자가에 못 박히시다
(막 15:21-32; 눅 23:26-43; 요 19:17-27)

32 ○ 나가다가 시몬이란 구레네 사람을
만나매 그에게 예수의 십자가를 억지
로 지워 가게 하였더라
33 골고다 즉 해골의 곳이라는 곳에 이
르러
34 쓸개 탄 포도주를 예수께 주어 마시
게 하려 하였더니 예수께서 맛보시고
마시고자 하지 아니하시더라
35 그들이 예수를 십자가에 못 박은 후
에 그 옷을 제비 뽑아 나누고
36 거기 앉아 지키더라
37 그 머리 위에 이는 유대인의 왕 예수
라 쓴 죄패를 붙였더라
38 이 때에 예수와 함께 강도 둘이 십자
가에 못 박히니 하나는 우편에, 하나
는 좌편에 있더라
39 지나가는 자들은 자기 머리를 흔들며
예수를 모욕하여
40 이르되 성전을 헐고 사흘에 짓는 자여
네가 만일 하나님의 아들이어든 자기를
구원하고 십자가에서 내려오라 하며
41 그와 같이 대제사장들도 서기관들과
장로들과 함께 희롱하여 이르되
42 그가 남은 구원하였으되 자기는 구원

32】
33】
34】
35】
36】
37】
38】
39】
40】
41】
42】

할 수 없도다 그가 이스라엘의 왕이
로다 지금 십자가에서 내려올지어다
그리하면 우리가 믿겠노라
43 그가 하나님을 신뢰하니 하나님이 원
하시면 이제 그를 구원하실지라 그의
말이 나는 하나님의 아들이라 하였도
다 하며
44 함께 십자가에 못 박힌 강도들도 이
와 같이 욕하더라

영혼이 떠나시다
(막 15:33-41; 눅 23:44-49; 요 19:28-30)

45 ○ 제육시로부터 온 땅에 어둠이 임
하여 제구시까지 계속되더니
46 제구시쯤에 예수께서 크게 소리 질
러 이르시되 엘리 엘리 라마 사박다
니 하시니 이는 곧 나의 하나님, 나의
하나님, 어찌하여 나를 버리셨나이까
하는 뜻이라
47 거기 섰던 자 중 어떤 이들이 듣고 이
르되 이 사람이 엘리야를 부른다 하고
48 그 중의 한 사람이 곧 달려가서 해면
을 가져다가 신 포도주에 적시어 갈
대에 꿰어 마시게 하거늘
49 그 남은 사람들이 이르되 가만 두라
엘리야가 와서 그를 구원하나 보자
하더라
50 예수께서 다시 크게 소리 지르시고
영혼이 떠나시니라

43】

44】

45】

46】

47】

48】

49】

50】

51 이에 성소 휘장이 위로부터 아래까지
찢어져 둘이 되고 땅이 진동하며 바
위가 터지고
52 무덤들이 열리며 자던 성도의 몸이
많이 일어나되
53 예수의 부활 후에 그들이 무덤에서
나와서 거룩한 성에 들어가 많은 사
람에게 보이니라
54 백부장과 및 함께 예수를 지키던 자
들이 지진과 그 일어난 일들을 보고
심히 두려워하여 이르되 이는 진실로
하나님의 아들이었도다 하더라
55 예수를 섬기며 갈릴리에서부터 따라
온 많은 여자가 거기 있어 멀리서 바
라보고 있으니
56 그 중에는 막달라 마리아와 또 야고
보와 요셉의 어머니 마리아와 또 세
베대의 아들들의 어머니도 있더라

요셉이 예수의 시체를 무덤에 넣어 두다
(막 15:42-47; 눅 23:50-56; 요 19:38-42)

57 ○ 저물었을 때에 아리마대의 부자 요
셉이라 하는 사람이 왔으니 그도 예수
의 제자라
58 빌라도에게 가서 예수의 시체를 달라 하
니 이에 빌라도가 내주라 명령하거늘
59 요셉이 시체를 가져다가 깨끗한 세마
포로 싸서
60 바위 속에 판 자기 새 무덤에 넣어 두

51】

52】

53】

54】

55】

56】

57】

58】

59】

60】

고 큰 돌을 굴려 무덤 문에 놓고 가니
61 거기 막달라 마리아와 다른 마리아가
무덤을 향하여 앉았더라

경비병이 무덤을 지키다

62 ○ 그 이튿날은 준비일 다음 날이라
대제사장들과 바리새인들이 함께 빌
라도에게 모여 이르되
63 주여 저 속이던 자가 살아 있을 때에
말하되 내가 사흘 후에 다시 살아나
리라 한 것을 우리가 기억하노니
64 그러므로 명령하여 그 무덤을 사흘까
지 굳게 지키게 하소서 그의 제자들
이 와서 시체를 도둑질하여 가고 백
성에게 말하되 그가 죽은 자 가운데
서 살아났다 하면 후의 속임이 전보
다 더 클까 하나이다 하니
65 빌라도가 이르되 너희에게 경비병이 있
으니 가서 힘대로 굳게 지키라 하거늘
66 그들이 경비병과 함께 가서 돌을 인
봉하고 무덤을 굳게 지키니라

61】
62】
63】
64】
65】
66】

살아나시다
(막 16:1-8; 눅 24:1-12; 요 20:1-10)

28 1 안식일이 다 지나고 안식 후 첫 날
이 되려는 새벽에 막달라 마리아와
다른 마리아가 무덤을 보려고 갔더니
2 큰 지진이 나며 주의 천사가 하늘로
부터 내려와 돌을 굴려 내고 그 위에

1】
2】

앉았는데
3 그 형상이 번개 같고 그 옷은 눈 같
이 희거늘
4 지키던 자들이 그를 무서워하여 떨며
죽은 사람과 같이 되었더라
5 천사가 여자들에게 말하여 이르되 너희
는 무서워하지 말라 십자가에 못 박히신
예수를 너희가 찾는 줄을 내가 아노라
6 그가 여기 계시지 않고 그가 말씀 하
시던 대로 살아나셨느니라 와서 그가
누우셨던 곳을 보라
7 또 빨리 가서 그의 제자들에게 이르
되 그가 죽은 자 가운데서 살아나셨
고 너희보다 먼저 갈릴리로 가시나니
거기서 너희가 뵈오리라 하라 보라
내가 너희에게 일렀느니라 하거늘
8 그 여자들이 무서움과 큰 기쁨으로
빨리 무덤을 떠나 제자들에게 알리려
고 달음질할새
9 예수께서 그들을 만나 이르시되 평
안하냐 하시거늘 여자들이 나아가 그
발을 붙잡고 경배하니
10 이에 예수께서 이르시되 무서워하지
말라 가서 내 형제들에게 갈릴리로 가
라 하라 거기서 나를 보리라 하시니라

경비병의 보고

11 ○ 여자들이 갈 때 경비병 중 몇이 성

3】

4】

5】

6】

7】

8】

9】

10】

11】

에 들어가 모든 된 일을 대제사장들
에게 알리니
12 그들이 장로들과 함께 모여 의논하고
군인들에게 돈을 많이 주며
13 이르되 너희는 말하기를 그의 제자들
이 밤에 와서 우리가 잘 때에 그를 도
둑질하여 갔다 하라
14 만일 이 말이 총독에게 들리면 우리
가 권하여 너희로 근심하지 않게 하
리라 하니
15 군인들이 돈을 받고 가르친 대로 하
였으니 이 말이 오늘날까지 유대인
가운데 두루 퍼지니라

제자들에게 할 일을 분부하시다
(막 16:14-18; 눅 24:36-49; 요 20:19-23; 행 1:6-8)

16 ○ 열한 제자가 갈릴리에 가서 예수
께서 지시하신 산에 이르러
17 예수를 뵈옵고 경배하나 아직도 의심
하는 사람들이 있더라
18 예수께서 나아와 말씀하여 이르시되 하
늘과 땅의 모든 권세를 내게 주셨으니
19 그러므로 너희는 가서 모든 민족을
제자로 삼아 아버지와 아들과 성령의
이름으로 세례를 베풀고
20 내가 너희에게 분부한 모든 것을 가
르쳐 지키게 하라 볼지어다 내가 세
상 끝날까지 너희와 항상 함께 있으
리라 하시니라

12】
13】
14】
15】
16】
17】
18】
19】
20】

마가복음

복음을 전파하다
(마 3:1-12; 눅 3:1-9, 15-17; 요 1:19-23)

1 1 하나님의 아들 예수 그리스도의
복음의 시작이라
2 선지자 이사야의 글에 보라 내가 내
사자를 네 앞에 보내노니 그가 네 길
을 준비하리라
3 광야에 외치는 자의 소리가 있어 이
르되 너희는 주의 길을 준비하라 그
의 오실 길을 곧게 하라 기록된 것과
같이
4 세례 요한이 광야에 이르러 죄 사함을
받게 하는 회개의 세례를 전파하니
5 온 유대 지방과 예루살렘 사람이 다
나아가 자기 죄를 자복하고 요단 강
에서 그에게 세례를 받더라
6 요한은 낙타털 옷을 입고 허리에 가죽
띠를 띠고 메뚜기와 석청을 먹더라
7 그가 전파하여 이르되 나보다 능력
많으신 이가 내 뒤에 오시나니 나는
굽혀 그의 신발끈을 풀기도 감당하지
못하겠노라
8 나는 너희에게 물로 세례를 베풀었거
니와 그는 너희에게 성령으로 세례를

베푸시리라

세례를 받으시다(마 3:13-17; 눅 3:21-22)

9 ○ 그 때에 예수께서 갈릴리 나사렛
으로부터 와서 요단 강에서 요한에게
세례를 받으시고
10 곧 물에서 올라오실새 하늘이 갈라짐
과 성령이 비둘기 같이 자기에게 내
려오심을 보시더니
11 하늘로부터 소리가 나기를 너는 내
사랑하는 아들이라 내가 너를 기뻐하
노라 하시니라

시험을 받으시다(마 4:1-11; 눅 4:1-13)

12 ○ 성령이 곧 예수를 광야로 몰아내
신지라
13 광야에서 사십 일을 계시면서 사탄
에게 시험을 받으시며 들짐승과 함께
계시니 천사들이 수종들더라

갈릴리에서 복음을 전파하시다
(마 4:12-17; 눅 4:14-15)

14 ○ 요한이 잡힌 후 예수께서 갈릴리에
오셔서 하나님의 복음을 전파하여
15 이르시되 때가 찼고 하나님의 나라가
가까이 왔으니 회개하고 복음을 믿으
라 하시더라

어부들을 부르시다(마 4:18-22; 눅 5:1-11)

16 ○ 갈릴리 해변으로 지나가시다가 시
몬과 그 형제 안드레가 바다에 그물
던지는 것을 보시니 그들은 어부라

9】

10】

11】

12】

13】

14】

15】

16】

17 예수께서 이르시되 나를 따라오라 내
가 너희로 사람을 낚는 어부가 되게
하리라 하시니
18 곧 그물을 버려 두고 따르니라
19 조금 더 가시다가 세베대의 아들 야
고보와 그 형제 요한을 보시니 그들
도 배에 있어 그물을 깁는데
20 곧 부르시니 그 아버지 세베대를 품
꾼들과 함께 배에 버려 두고 예수를
따라가니라

더러운 귀신 들린 사람을 고치시다(눅 4:31-37)

21 ○ 그들이 가버나움에 들어가니라 예
수께서 곧 안식일에 회당에 들어가
가르치시매
22 뭇 사람이 그의 교훈에 놀라니 이는
그가 가르치시는 것이 권위 있는 자와
같고 서기관들과 같지 아니함일러라
23 마침 그들의 회당에 더러운 귀신 들
린 사람이 있어 소리 질러 이르되
24 나사렛 예수여 우리가 당신과 무슨
상관이 있나이까 우리를 멸하러 왔나
이까 나는 당신이 누구인 줄 아노니
하나님의 거룩한 자니이다
25 예수께서 꾸짖어 이르시되 잠잠하고
그 사람에게서 나오라 하시니
26 더러운 귀신이 그 사람에게 경련을 일
으키고 큰 소리를 지르며 나오는지라

17】

18】

19】

20】

21】

22】

23】

24】

25】

26】

27 다 놀라 서로 물어 이르되 이는 어찜
이냐 권위 있는 새 교훈이로다 더러
운 귀신들에게 명한즉 순종하는도다
하더라
28 예수의 소문이 곧 온 갈릴리 사방에
퍼지더라

많은 사람을 고치시다(마 8:14-17; 눅 4:38-41)

29 ○ 회당에서 나와 곧 야고보와 요한
과 함께 시몬과 안드레의 집에 들어
가시니
30 시몬의 장모가 열병으로 누워 있는지
라 사람들이 곧 그 여자에 대하여 예
수께 여짜온대
31 나아가사 그 손을 잡아 일으키시니
열병이 떠나고 여자가 그들에게 수종
드니라
32 ○ 저물어 해 질 때에 모든 병자와 귀
신 들린 자를 예수께 데려오니
33 온 동네가 그 문 앞에 모였더라
34 예수께서 각종 병이 든 많은 사람을
고치시며 많은 귀신을 내쫓으시되 귀
신이 자기를 알므로 그 말하는 것을
허락하지 아니하시니라

전도 여행을 떠나시다(눅 4:42-44)

35 ○ 새벽 아직도 밝기 전에 예수께서
일어나 나가 한적한 곳으로 가사 거
기서 기도하시더니

27】

28】

29】

30】

31】

32】

33】

34】

35】

36 시몬과 및 그와 함께 있는 자들이 예
수의 뒤를 따라가
37 만나서 이르되 모든 사람이 주를 찾
나이다
38 이르시되 우리가 다른 가까운 마을
들로 가자 거기서도 전도하리니 내가
이를 위하여 왔노라 하시고
39 이에 온 갈릴리에 다니시며 그들의
여러 회당에서 전도하시고 또 귀신들
을 내쫓으시더라

나병 환자를 깨끗하게 하시다(마 8:1-4; 눅 5:12-16)

40 ○ 한 나병환자가 예수께 와서 꿇어
엎드려 간구하여 이르되 원하시면 저
를 깨끗하게 하실 수 있나이다
41 예수께서 불쌍히 여기사 손을 내밀어
그에게 대시며 이르시되 내가 원하노
니 깨끗함을 받으라 하시니
42 곧 나병이 그 사람에게서 떠나가고
깨끗하여진지라
43 곧 보내시며 엄히 경고하사
44 이르시되 삼가 아무에게 아무 말도
하지 말고 가서 네 몸을 제사장에게
보이고 네가 깨끗하게 되었으니 모세
가 명한 것을 드려 그들에게 입증하
라 하셨더라
45 그러나 그 사람이 나가서 이 일을 많
이 전파하여 널리 퍼지게 하니 그러

36】

37】

38】

39】

40】

41】

42】

43】

44】

45】

므로 예수께서 다시는 드러나게 동네
에 들어가지 못하시고 오직 바깥 한적
한 곳에 계셨으나 사방에서 사람들이
그에게로 나아오더라

중풍병자를 고치시다(마 9:1-8; 눅 5:17-26)

2 1 수 일 후에 예수께서 다시 가버나
움에 들어가시니 집에 계시다는
소문이 들린지라
2 많은 사람이 모여서 문 앞까지도 들
어설 자리가 없게 되었는데 예수께서
그들에게 도를 말씀하시더니
3 사람들이 한 중풍병자를 네 사람에게
메워 가지고 예수께로 올새
4 무리들 때문에 예수께 데려갈 수 없
으므로 그 계신 곳의 지붕을 뜯어 구
멍을 내고 중풍병자가 누운 상을 달
아 내리니
5 예수께서 그들의 믿음을 보시고 중풍
병자에게 이르시되 작은 자야 네 죄
사함을 받았느니라 하시니
6 어떤 서기관들이 거기 앉아서 마음에
생각하기를
7 이 사람이 어찌 이렇게 말하는가 신
성 모독이로다 오직 하나님 한 분 외
에는 누가 능히 죄를 사하겠느냐
8 그들이 속으로 이렇게 생각하는 줄을

1】

2】

3】

4】

5】

6】

7】

8】

예수께서 곧 중심에 아시고 이르시되
어찌하여 이것을 마음에 생각하느냐
9 중풍병자에게 네 죄 사함을 받았느
니라 하는 말과 일어나 네 상을 가지
고 걸어가라 하는 말 중에서 어느 것
이 쉽겠느냐
10 그러나 인자가 땅에서 죄를 사하는 권
세가 있는 줄을 너희로 알게 하려 하노
라 하시고 중풍병자에게 말씀하시되
11 내가 네게 이르노니 일어나 네 상을
가지고 집으로 가라 하시니
12 그가 일어나 곧 상을 가지고 모든 사
람 앞에서 나가거늘 그들이 다 놀라
하나님께 영광을 돌리며 이르되 우
리가 이런 일을 도무지 보지 못하였
다 하더라

레위를 부르시다(마 9:9-13; 눅 5:27-32)

13 ○ 예수께서 다시 바닷가에 나가시매
큰 무리가 나왔거늘 예수께서 그들을
가르치시니라
14 또 지나가시다가 알패오의 아들 레위
가 세관에 앉아 있는 것을 보시고 그
에게 이르시되 나를 따르라 하시니
일어나 따르니라
15 그의 집에 앉아 잡수실 때에 많은 세
리와 죄인들이 예수와 그의 제자들과
함께 앉았으니 이는 그러한 사람들이

9】

10】

11】

12】

13】

14】

15】

많이 있어서 예수를 따름이러라
16 바리새인의 서기관들이 예수께서 죄
인 및 세리들과 함께 잡수시는 것을
보고 그의 제자들에게 이르되 어찌하
여 세리 및 죄인들과 함께 먹는가
17 예수께서 들으시고 그들에게 이르시
되 건강한 자에게는 의사가 쓸 데 없
고 병든 자에게라야 쓸 데 있느니라
나는 의인을 부르러 온 것이 아니요
죄인을 부르러 왔노라 하시니라

금식 논쟁(마 9:14-17; 눅 5:33-39)

18 ○ 요한의 제자들과 바리새인들이 금
식하고 있는지라 사람들이 예수께 와
서 말하되 요한의 제자들과 바리새인
의 제자들은 금식하는데 어찌하여 당
신의 제자들은 금식하지 아니하나이까
19 예수께서 그들에게 이르시되 혼인 집
손님들이 신랑과 함께 있을 때에 금
식할 수 있느냐 신랑과 함께 있을 동
안에는 금식할 수 없느니라
20 그러나 신랑을 빼앗길 날이 이르리니
그 날에는 금식할 것이니라
21 생베 조각을 낡은 옷에 붙이는 자가
없나니 만일 그렇게 하면 기운 새 것
이 낡은 그것을 당기어 해어짐이 더
하게 되느니라
22 새 포도주를 낡은 가죽 부대에 넣는

16】
17】
18】
19】
20】
21】
22】

자가 없나니 만일 그렇게 하면 새 포
도주가 부대를 터뜨려 포도주와 부대
를 버리게 되리라 오직 새 포도주는
새 부대에 넣느니라 하시니라

안식일에 밀 이삭을 자르다(마 12:1-8; 눅 6:1-5)

23 ○ 안식일에 예수께서 밀밭 사이로
지나가실새 그의 제자들이 길을 열며
이삭을 자르니
24 바리새인들이 예수께 말하되 보시오
저들이 어찌하여 안식일에 하지 못할
일을 하나이까
25 예수께서 이르시되 다윗이 자기와 및
함께 한 자들이 먹을 것이 없어 시장
할 때에 한 일을 읽지 못하였느냐
26 그가 아비아달 대제사장 때에 하나님
의 전에 들어가서 제사장 외에는 먹
어서는 안 되는 진설병을 먹고 함께
한 자들에게도 주지 아니하였느냐
27 또 이르시되 안식일이 사람을 위하여
있는 것이요 사람이 안식일을 위하여
있는 것이 아니니
28 이러므로 인자는 안식일에도 주인이
니라

23】

24】

25】

26】

27】

28】

안식일에 손 마른 사람을 고치시다
(마 12:9-14; 눅 6:6-11)

3

1 예수께서 다시 회당에 들어가시니
한쪽 손 마른 사람이 거기 있는지라

1】

2 사람들이 예수를 고발하려 하여 안식
일에 그 사람을 고치시는가 주시하고
있거늘
3 예수께서 손 마른 사람에게 이르시되
한 가운데에 일어서라 하시고
4 그들에게 이르시되 안식일에 선을 행
하는 것과 악을 행하는 것, 생명을 구
하는 것과 죽이는 것, 어느 것이 옳으
냐 하시니 그들이 잠잠하거늘
5 그들의 마음이 완악함을 탄식하사 노
하심으로 그들을 둘러 보시고 그 사
람에게 이르시되 네 손을 내밀라 하
시니 내밀매 그 손이 회복되었더라
6 바리새인들이 나가서 곧 헤롯당과 함
께 어떻게 하여 예수를 죽일까 의논
하니라

많은 무리가 나아오다

7 ○ 예수께서 제자들과 함께 바다로
물러가시니 갈릴리에서 큰 무리가 따
르며
8 유대와 예루살렘과 이두매와 요단 강
건너편과 또 두로와 시돈 근처에서
많은 무리가 그가 하신 큰 일을 듣고
나아오는지라
9 예수께서 무리가 에워싸 미는 것을
피하기 위하여 작은 배를 대기하도록
제자들에게 명하셨으니

2】

3】

4】

5】

6】

7】

8】

9】

10 이는 많은 사람을 고치셨으므로 병으
로 고생하는 자들이 예수를 만지고자
하여 몰려왔음이더라
11 더러운 귀신들도 어느 때든지 예수를
보면 그 앞에 엎드려 부르짖어 이르되
당신은 하나님의 아들이니이다 하니
12 예수께서 자기를 나타내지 말라고 많
이 경고하시니라

열 두 제자를 세우시다(마 10:1-4; 눅 6:12-16)

13 ○ 또 산에 오르사 자기가 원하는 자
들을 부르시니 나아온지라
14 이에 열둘을 세우셨으니 이는 자기와
함께 있게 하시고 또 보내사 전도도
하며
15 귀신을 내쫓는 권능도 가지게 하려
하심이러라
16 이 열둘을 세우셨으니 시몬에게는 베
드로란 이름을 더하셨고
17 또 세베대의 아들 야고보와 야고보의 형
제 요한이니 이 둘에게는 보아너게 곧
우레의 아들이란 이름을 더하셨으며
18 또 안드레와 빌립과 바돌로매와 마
태와 도마와 알패오의 아들 야고보와
및 다대오와 가나나인 시몬이며
19 또 가룟 유다니 이는 예수를 판 자더라

예수와 바알세불
(마 12:22-32; 눅 11:14-23; 12:10)

20 ○ 집에 들어가시니 무리가 다시 모

10】

11】

12】

13】

14】

15】

16】

17】

18】

19】

20】

이므로 식사할 겨를도 없는지라
21 예수의 친족들이 듣고 그를 붙들러
나오니 이는 그가 미쳤다 함일러라
22 예루살렘에서 내려온 서기관들은 그
가 바알세불이 지폈다 하며 또 귀신의
왕을 힘입어 귀신을 쫓아낸다 하니
23 예수께서 그들을 불러다가 비유로 말
씀하시되 사탄이 어찌 사탄을 쫓아낼
수 있느냐
24 또 만일 나라가 스스로 분쟁하면 그
나라가 설 수 없고
25 만일 집이 스스로 분쟁하면 그 집이
설 수 없고
26 만일 사탄이 자기를 거슬러 일어나
분쟁하면 설 수 없고 망하느니라
27 사람이 먼저 강한 자를 결박하지 않
고는 그 강한 자의 집에 들어가 세간
을 강탈하지 못하리니 결박한 후에야
그 집을 강탈하리라
28 내가 진실로 너희에게 이르노니 사람
의 모든 죄와 모든 모독하는 일은 사
하심을 얻되
29 누구든지 성령을 모독하는 자는 영원
히 사하심을 얻지 못하고 영원한 죄
가 되느니라 하시니
30 이는 그들이 말하기를 더러운 귀신이
들렸다 함이러라

21】

22】

23】

24】

25】

26】

27】

28】

29】

30】

예수의 어머니와 형제 자매
(마 12:46-50; 눅 8:19-21)

31 ○ 그 때에 예수의 어머니와 동생들
이 와서 밖에 서서 사람을 보내어 예
수를 부르니
32 무리가 예수를 둘러 앉았다가 여짜오
되 보소서 당신의 어머니와 동생들과
누이들이 밖에서 찾나이다
33 대답하시되 누가 내 어머니이며 동생
들이냐 하시고
34 둘러 앉은 자들을 보시며 이르시되
내 어머니와 내 동생들을 보라
35 누구든지 하나님의 뜻대로 행하는 자
가 내 형제요 자매요 어머니이니라

31】
32】
33】
34】
35】

네 가지 땅에 떨어진 씨 비유
(마 13:1-9; 눅 8:4-8)

4

1 예수께서 다시 바닷가에서 가르치
시니 큰 무리가 모여들거늘 예수께
서 바다에 떠 있는 배에 올라 앉으시
고 온 무리는 바닷가 육지에 있더라
2 이에 예수께서 여러 가지를 비유로
가르치시니 그 가르치시는 중에 그들
에게 이르시되
3 들으라 씨를 뿌리는 자가 뿌리러 나
가서
4 뿌릴새 더러는 길 가에 떨어지매 새
들이 와서 먹어 버렸고
5 더러는 흙이 얕은 돌밭에 떨어지매 흙

1】
2】
3】
4】
5】

이 깊지 아니하므로 곧 싹이 나오나
6 해가 돋은 후에 타서 뿌리가 없으므
로 말랐고
7 더러는 가시떨기에 떨어지매 가시가
자라 기운을 막으므로 결실하지 못하
였고
8 더러는 좋은 땅에 떨어지매 자라 무
성하여 결실하였으니 삼십 배나 육십
배나 백 배가 되었느니라 하시고
9 또 이르시되 들을 귀 있는 자는 들으
라 하시니라

비유를 설명하시다(마 13:10-23; 눅 8:9-15)

10 ○ 예수께서 홀로 계실 때에 함께 한
사람들이 열두 제자와 더불어 그 비
유들에 대하여 물으니
11 이르시되 하나님 나라의 비밀을 너희
에게는 주었으나 외인에게는 모든 것
을 비유로 하나니
12 이는 그들로 보기는 보아도 알지 못
하며 듣기는 들어도 깨닫지 못하게
하여 돌이켜 죄 사함을 얻지 못하게
하려 함이라 하시고
13 또 이르시되 너희가 이 비유를 알지 못
할진대 어떻게 모든 비유를 알겠느냐
14 뿌리는 자는 말씀을 뿌리는 것이라
15 말씀이 길 가에 뿌려졌다는 것은 이
들을 가리킴이니 곧 말씀을 들었을

6】

7】

8】

9】

10】

11】

12】

13】

14】

15】

때에 사탄이 즉시 와서 그들에게 뿌
려진 말씀을 빼앗는 것이요
16 또 이와 같이 돌밭에 뿌려졌다는 것
은 이들을 가리킴이니 곧 말씀을 들
을 때에 즉시 기쁨으로 받으나
17 그 속에 뿌리가 없어 잠깐 견디다가
말씀으로 인하여 환난이나 박해가 일
어나는 때에는 곧 넘어지는 자요
18 또 어떤 이는 가시떨기에 뿌려진 자
니 이들은 말씀을 듣기는 하되
19 세상의 염려와 재물의 유혹과 기타
욕심이 들어와 말씀을 막아 결실하지
못하게 되는 자요
20 좋은 땅에 뿌려졌다는 것은 곧 말씀
을 듣고 받아 삼십 배나 육십 배나 백
배의 결실을 하는 자니라

등불은 등경 위에 (눅 8:16-18)

21 ○ 또 그들에게 이르시되 사람이 등
불을 가져오는 것은 말 아래에나 평
상 아래에 두려 함이냐 등경 위에 두
려 함이 아니냐
22 드러내려 하지 않고는 숨긴 것이 없
고 나타내려 하지 않고는 감추인 것
이 없느니라
23 들을 귀 있는 자는 들으라
24 또 이르시되 너희가 무엇을 듣는가
스스로 삼가라 너희의 헤아리는 그

16】

17】

18】

19】

20】

21】

22】

23】

24】

헤아림으로 너희가 헤아림을 받을 것
이며 더 받으리니
25 있는 자는 받을 것이요 없는 자는 그
있는 것까지도 빼앗기리라

자라나는 씨 비유(마 13:31-32; 눅 13:18-19)

26 ○ 또 이르시되 하나님의 나라는 사
람이 씨를 땅에 뿌림과 같으니
27 그가 밤낮 자고 깨고 하는 중에 씨가
나서 자라되 어떻게 그리 되는지를
알지 못하느니라
28 땅이 스스로 열매를 맺되 처음에는
싹이요 다음에는 이삭이요 그 다음에
는 이삭에 충실한 곡식이라
29 열매가 익으면 곧 낫을 대나니 이는
추수 때가 이르렀음이라

겨자씨 비유(마 13:31-32; 눅 13:18-19)

30 ○ 또 이르시되 우리가 하나님의 나
라를 어떻게 비교하며 또 무슨 비유
로 나타낼까
31 겨자씨 한 알과 같으니 땅에 심길 때
에는 땅 위의 모든 씨보다 작은 것이
로되
32 심긴 후에는 자라서 모든 풀보다 커
지며 큰 가지를 내나니 공중의 새들
이 그 그늘에 깃들일 만큼 되느니라

비유로 가르치시다(마 13:34-35)

33 ○ 예수께서 이러한 많은 비유로 그

25】

26】

27】

28】

29】

30】

31】

32】

33】

들이 알아 들을 수 있는 대로 말씀을
가르치시되
34 비유가 아니면 말씀하지 아니하시고
다만 혼자 계실 때에 그 제자들에게
모든 것을 해석하시더라

바람과 바다를 잔잔하게 하시다
(마 8:23-27; 눅 8:22-25)

35 ○ 그 날 저물 때에 제자들에게 이르시
되 우리가 저편으로 건너가자 하시니
36 그들이 무리를 떠나 예수를 배에 계
신 그대로 모시고 가매 다른 배들도
함께 하더니
37 큰 광풍이 일어나며 물결이 배에 부딪
쳐 들어와 배에 가득하게 되었더라
38 예수께서는 고물에서 베개를 베고 주
무시더니 제자들이 깨우며 이르되 선
생님이여 우리가 죽게 된 것을 돌보
지 아니하시나이까 하니
39 예수께서 깨어 바람을 꾸짖으시며 바
다더러 이르시되 잠잠하라 고요하라
하시니 바람이 그치고 아주 잔잔하여
지더라
40 이에 제자들에게 이르시되 어찌하여
이렇게 무서워하느냐 너희가 어찌 믿
음이 없느냐 하시니
41 그들이 심히 두려워하여 서로 말하되
그가 누구이기에 바람과 바다도 순종
하는가 하였더라

34】
35】
36】
37】
38】
39】
40】
41】

귀신 들린 사람을 고치시다
(마 8:28-34; 눅 8:26-39)

5 1 예수께서 바다 건너편 거라사인의
지방에 이르러
2 배에서 나오시매 곧 더러운 귀신 들
린 사람이 무덤 사이에서 나와 예수
를 만나니라
3 그 사람은 무덤 사이에 거처하는데
이제는 아무도 그를 쇠사슬로도 맬
수 없게 되었으니
4 이는 여러 번 고랑과 쇠사슬에 매였
어도 쇠사슬을 끊고 고랑을 깨뜨렸음
이러라 그리하여 아무도 그를 제어할
힘이 없는지라
5 밤낮 무덤 사이에서나 산에서나 늘
소리 지르며 돌로 자기의 몸을 해치
고 있었더라
6 그가 멀리서 예수를 보고 달려와 절
하며
7 큰 소리로 부르짖어 이르되 지극히
높으신 하나님의 아들 예수여 나와
당신이 무슨 상관이 있나이까 원하건
대 하나님 앞에 맹세하고 나를 괴롭
히지 마옵소서 하니
8 이는 예수께서 이미 그에게 이르시기
를 더러운 귀신아 그 사람에게서 나
오라 하셨음이라
9 이에 물으시되 네 이름이 무엇이냐

1】

2】

3】

4】

5】

6】

7】

8】

9】

이르되 내 이름은 군대니 우리가 많
음이니이다 하고
10 자기를 그 지방에서 내보내지 마시기
를 간구하더니
11 마침 거기 돼지의 큰 떼가 산 곁에서
먹고 있는지라
12 이에 간구하여 이르되 우리를 돼지에
게로 보내어 들어가게 하소서 하니
13 허락하신대 더러운 귀신들이 나와서
돼지에게로 들어가매 거의 이천 마리
되는 떼가 바다를 향하여 비탈로 내
리달아 바다에서 몰사하거늘
14 치던 자들이 도망하여 읍내와 여러
마을에 말하니 사람들이 어떻게 되었
는지를 보러 와서
15 예수께 이르러 그 귀신 들렸던 자 곧
군대 귀신 지폈던 자가 옷을 입고 정
신이 온전하여 앉은 것을 보고 두려
워하더라
16 이에 귀신 들렸던 자가 당한 것과 돼지
의 일을 본 자들이 그들에게 알리매
17 그들이 예수께 그 지방에서 떠나시기
를 간구하더라
18 예수께서 배에 오르실 때에 귀신 들렸
던 사람이 함께 있기를 간구하였으나
19 허락하지 아니하시고 그에게 이르시
되 집으로 돌아가 주께서 네게 어떻

10】

11】

12】

13】

14】

15】

16】

17】

18】

19】

게 큰 일을 행하사 너를 불쌍히 여기
신 것을 네 가족에게 알리라 하시니
20 그가 가서 예수께서 자기에게 어떻게
큰 일 행하셨는지를 데가볼리에 전파
하니 모든 사람이 놀랍게 여기더라

야이로의 딸과 예수의 옷에 손을 댄 여자
(마 9:18-26; 눅 8:40-56)

21 ○ 예수께서 배를 타시고 다시 맞은편
으로 건너가시니 큰 무리가 그에게로
모이거늘 이에 바닷가에 계시더니
22 회당장 중의 하나인 야이로라 하는
이가 와서 예수를 보고 발 아래 엎드
리어
23 간곡히 구하여 이르되 내 어린 딸이
죽게 되었사오니 오셔서 그 위에 손
을 얹으사 그로 구원을 받아 살게 하
소서 하거늘
24 이에 그와 함께 가실새 큰 무리가 따
라가며 에워싸 밀더라
25 ○ 열두 해를 혈루증으로 앓아 온 한
여자가 있어
26 많은 의사에게 많은 괴로움을 받았고
가진 것도 다 허비하였으되 아무 효험
이 없고 도리어 더 중하여졌던 차에
27 예수의 소문을 듣고 무리 가운데 끼
어 뒤로 와서 그의 옷에 손을 대니
28 이는 내가 그의 옷에만 손을 대어도
구원을 받으리라 생각함일러라

20】
21】
22】
23】
24】
25】
26】
27】
28】

29 이에 그의 혈루 근원이 곧 마르매 병
이 나은 줄을 몸에 깨달으니라
30 예수께서 그 능력이 자기에게서 나간
줄을 곧 스스로 아시고 무리 가운데
서 돌이켜 말씀하시되 누가 내 옷에
손을 대었느냐 하시니
31 제자들이 여짜오되 무리가 에워싸 미
는 것을 보시며 누가 내게 손을 대었
느냐 물으시나이까 하되
32 예수께서 이 일 행한 여자를 보려고
둘러 보시니
33 여자가 자기에게 이루어진 일을 알고
두려워하여 떨며 와서 그 앞에 엎드
려 모든 사실을 여쭈니
34 예수께서 이르시되 딸아 네 믿음이
너를 구원하였으니 평안히 가라 네
병에서 놓여 건강할지어다
35 ○ 아직 예수께서 말씀하실 때에 회
당장의 집에서 사람들이 와서 회당장
에게 이르되 당신의 딸이 죽었나이다
어찌하여 선생을 더 괴롭게 하나이까
36 예수께서 그 하는 말을 곁에서 들으
시고 회당장에게 이르시되 두려워하
지 말고 믿기만 하라 하시고
37 베드로와 야고보와 야고보의 형제 요
한 외에 아무도 따라옴을 허락하지
아니하시고

29】

30】

31】

32】

33】

34】

35】

36】

37】

년 월 일

38 회당장의 집에 함께 가사 떠드는 것
과 사람들이 울며 심히 통곡함을 보
시고
39 들어가서 그들에게 이르시되 너희가
어찌하여 떠들며 우느냐 이 아이가
죽은 것이 아니라 잔다 하시니
40 그들이 비웃더라 예수께서 그들을 다
내보내신 후에 아이의 부모와 또 자
기와 함께 한 자들을 데리시고 아이
있는 곳에 들어가사
41 그 아이의 손을 잡고 이르시되 달리
다굼 하시니 번역하면 곧 내가 네게
말하노니 소녀야 일어나라 하심이라
42 소녀가 곧 일어나서 걸으니 나이가
열두 살이라 사람들이 곧 크게 놀라
고 놀라거늘
43 예수께서 이 일을 아무도 알지 못하게
하라고 그들을 많이 경계하시고 이에
소녀에게 먹을 것을 주라 하시니라

38】

39】

40】

41】

42】

43】

고향에서 배척을 받으시다
(마 13:53-58; 눅 4:16-30)

6

1 예수께서 거기를 떠나사 고향으로
가시니 제자들도 따르니라
2 안식일이 되어 회당에서 가르치시니
많은 사람이 듣고 놀라 이르되 이 사
람이 어디서 이런 것을 얻었느냐 이
사람이 받은 지혜와 그 손으로 이루

1】

2】

어지는 이런 권능이 어찌됨이냐
3 이 사람이 마리아의 아들 목수가 아
니냐 야고보와 요셉과 유다와 시몬
의 형제가 아니냐 그 누이들이 우리
와 함께 여기 있지 아니하냐 하고 예
수를 배척한지라
4 예수께서 그들에게 이르시되 선지자
가 자기 고향과 자기 친척과 자기 집
외에서는 존경을 받지 못함이 없느니
라 하시며
5 거기서는 아무 권능도 행하실 수 없
어 다만 소수의 병자에게 안수하여
고치실 뿐이었고
6 그들이 믿지 않음을 이상히 여기셨
더라

열두 제자를 부르사 둘씩 보내시다
(마 10:1, 5-15; 눅 9:1-6)

○ 이에 모든 촌에 두루 다니시며 가
르치시더라
7 ○ 열두 제자를 부르사 둘씩 둘씩 보
내시며 더러운 귀신을 제어하는 권능
을 주시고
8 명하시되 여행을 위하여 지팡이 외에
는 양식이나 배낭이나 전대의 돈이나
아무 것도 가지지 말며
9 신만 신고 두 벌 옷도 입지 말라 하
시고
10 또 이르시되 어디서든지 누구의 집에

3】
4】
5】
6】
7】
8】
9】
10】

들어가거든 그 곳을 떠나기까지 거기
유하라
11 어느 곳에서든지 너희를 영접하지 아
니하고 너희 말을 듣지도 아니하거
든 거기서 나갈 때에 발 아래 먼지
를 떨어버려 그들에게 증거를 삼으
라 하시니
12 제자들이 나가서 회개하라 전파하고
13 많은 귀신을 쫓아내며 많은 병자에게
기름을 발라 고치더라

세례 요한의 죽음(마 14:1-12; 눅 9:7-9)

14 ○ 이에 예수의 이름이 드러난지라 헤
롯 왕이 듣고 이르되 이는 세례 요한
이 죽은 자 가운데서 살아났도다 그
러므로 이런 능력이 그 속에서 일어
나느니라 하고
15 어떤 이는 그가 엘리야라 하고 또 어
떤 이는 그가 선지자니 옛 선지자 중
의 하나와 같다 하되
16 헤롯은 듣고 이르되 내가 목 벤 요한
그가 살아났다 하더라
17 전에 헤롯이 자기가 동생 빌립의 아
내 헤로디아에게 장가 든 고로 이 여
자를 위하여 사람을 보내어 요한을
잡아 옥에 가두었으니
18 이는 요한이 헤롯에게 말하되 동생의
아내를 취한 것이 옳지 않다 하였음

11】
12】
13】
14】
15】
16】
17】
18】

이라
19 헤로디아가 요한을 원수로 여겨 죽이
고자 하였으되 하지 못한 것은
20 헤롯이 요한을 의롭고 거룩한 사람으
로 알고 두려워하여 보호하며 또 그
의 말을 들을 때에 크게 번민을 하면
서도 달갑게 들음이러라
21 마침 기회가 좋은 날이 왔으니 곧 헤롯
이 자기 생일에 대신들과 천부장들과
갈릴리의 귀인들로 더불어 잔치할새
22 헤로디아의 딸이 친히 들어와 춤을 추
어 헤롯과 그와 함께 앉은 자들을 기
쁘게 한지라 왕이 그 소녀에게 이르
되 무엇이든지 네가 원하는 것을 내
게 구하라 내가 주리라 하고
23 또 맹세하기를 무엇이든지 네가 내게
구하면 내 나라의 절반까지라도 주리
라 하거늘
24 그가 나가서 그 어머니에게 말하되
내가 무엇을 구하리이까 그 어머니
가 이르되 세례 요한의 머리를 구하
라 하니
25 그가 곧 왕에게 급히 들어가 구하여
이르되 세례 요한의 머리를 소반에
얹어 곧 내게 주기를 원하옵나이다
하니
26 왕이 심히 근심하나 자기가 맹세한

19】

20】

21】

22】

23】

24】

25】

26】

것과 그 앉은 자들로 인하여 그를 거
절할 수 없는지라
27 왕이 곧 시위병 하나를 보내어 요한
의 머리를 가져오라 명하니 그 사람
이 나가 옥에서 요한을 목 베어
28 그 머리를 소반에 얹어다가 소녀에
게 주니 소녀가 이것을 그 어머니에
게 주니라
29 요한의 제자들이 듣고 와서 시체를
가져다가 장사하니라

오천 명을 먹이시다
(마 14:13-21; 눅 9:10-17; 요 6:1-14)

30 ○ 사도들이 예수께 모여 자기들이 행
한 것과 가르친 것을 낱낱이 고하니
31 이르시되 너희는 따로 한적한 곳에
가서 잠깐 쉬어라 하시니 이는 오고
가는 사람이 많아 음식 먹을 겨를도
없음이라
32 이에 배를 타고 따로 한적한 곳에
갈새
33 그들이 가는 것을 보고 많은 사람이
그들인 줄 안지라 모든 고을로부터
도보로 그 곳에 달려와 그들보다 먼
저 갔더라
34 예수께서 나오사 큰 무리를 보시고
그 목자 없는 양 같음으로 인하여 불
쌍히 여기사 이에 여러 가지로 가르
치시더라

27】

28】

29】

30】

31】

32】

33】

34】

35 때가 저물어가매 제자들이 예수께 나
아와 여짜오되 이 곳은 빈 들이요 날
도 저물어가니
36 무리를 보내어 두루 촌과 마을로 가
서 무엇을 사 먹게 하옵소서
37 대답하여 이르시되 너희가 먹을 것
을 주라 하시니 여짜오되 우리가 가
서 이백 데나리온의 떡을 사다 먹이
리이까
38 이르시되 너희에게 떡 몇 개나 있는
지 가서 보라 하시니 알아보고 이르
되 떡 다섯 개와 물고기 두 마리가 있
더이다 하거늘
39 제자들에게 명하사 그 모든 사람으
로 떼를 지어 푸른 잔디 위에 앉게
하시니
40 떼로 백 명씩 또는 오십 명씩 앉은
지라
41 예수께서 떡 다섯 개와 물고기 두 마
리를 가지사 하늘을 우러러 축사하시
고 떡을 떼어 제자들에게 주어 사람
들에게 나누어 주게 하시고 또 물고기
두 마리도 모든 사람에게 나누시매
42 다 배불리 먹고
43 남은 떡 조각과 물고기를 열두 바구
니에 차게 거두었으며
44 떡을 먹은 남자는 오천 명이었더라

35】
36】
37】
38】
39】
40】
41】
42】
43】
44】

바다 위로 걸으시다(마 14:22-33; 요 6:15-21)

45 ○ 예수께서 즉시 제자들을 재촉하사
자기가 무리를 보내는 동안에 배 타고
앞서 건너편 벳새다로 가게 하시고
46 무리를 작별하신 후에 기도하러 산으
로 가시니라
47 저물매 배는 바다 가운데 있고 예수
께서는 홀로 뭍에 계시다가
48 바람이 거스르므로 제자들이 힘겹게
노 젓는 것을 보시고 밤 사경쯤에 바
다 위로 걸어서 그들에게 오사 지나
가려고 하시매
49 제자들이 그가 바다 위로 걸어 오심
을 보고 유령인가 하여 소리 지르니
50 그들이 다 예수를 보고 놀람이라 이
에 예수께서 곧 그들에게 말씀하여
이르시되 안심하라 내니 두려워하지
말라 하시고
51 배에 올라 그들에게 가시니 바람이
그치는지라 제자들이 마음에 심히 놀
라니
52 이는 그들이 그 떡 떼시던 일을 깨닫
지 못하고 도리어 그 마음이 둔하여
졌음이러라

게네사렛에서 병자들을 고치시다(마 14:34-36)

53 ○ 건너가 게네사렛 땅에 이르러 대고
54 배에서 내리니 사람들이 곧 예수신

45】

46】

47】

48】

49】

50】

51】

52】

53】

54】

줄을 알고

55 그 온 지방으로 달려 돌아 다니며 예
수께서 어디 계시다는 말을 듣는 대로
병든 자를 침상째로 메고 나아오니

56 아무 데나 예수께서 들어가시는 지방
이나 도시나 마을에서 병자를 시장에
두고 예수께 그의 옷 가에라도 손을
대게 하시기를 간구하니 손을 대는
자는 다 성함을 얻으니라

55】

56】

장로들의 전통(마 15:1-20)

7

1 바리새인들과 또 서기관 중 몇이
예루살렘에서 와서 예수께 모여들
었다가

2 그의 제자 중 몇 사람이 부정한 손 곧
씻지 아니한 손으로 떡 먹는 것을 보
았더라

3 (바리새인들과 모든 유대인들은 장로
들의 전통을 지키어 손을 잘 씻지 않
고서는 음식을 먹지 아니하며

4 또 시장에서 돌아와서도 물을 뿌리지
않고서는 먹지 아니하며 그 외에도 여
러 가지를 지키어 오는 것이 있으니
잔과 주발과 놋그릇을 씻음이러라)

5 이에 바리새인들과 서기관들이 예수
께 묻되 어찌하여 당신의 제자들은
장로들의 전통을 준행하지 아니하고

1】

2】

3】

4】

5】

부정한 손으로 떡을 먹나이까
6 이르시되 이사야가 너희 외식하는 자
에 대하여 잘 예언하였도다 기록하였
으되 이 백성이 입술로는 나를 공경
하되 마음은 내게서 멀도다
7 사람의 계명으로 교훈을 삼아 가르치
니 나를 헛되이 경배하는도다 하였느
니라
8 너희가 하나님의 계명은 버리고 사람
의 전통을 지키느니라
9 또 이르시되 너희가 너희 전통을 지
키려고 하나님의 계명을 잘 저버리는
도다
10 모세는 네 부모를 공경하라 하고 또
아버지나 어머니를 모욕하는 자는 죽
임을 당하리라 하였거늘
11 너희는 이르되 사람이 아버지에게나
어머니에게나 말하기를 내가 드려 유
익하게 할 것이 고르반 곧 하나님께
드림이 되었다고 하기만 하면 그만이
라 하고
12 자기 아버지나 어머니에게 다시 아
무 것도 하여 드리기를 허락하지 아
니하여
13 너희가 전한 전통으로 하나님의 말씀
을 폐하며 또 이같은 일을 많이 행하
느니라 하시고

6】

7】

8】

9】

10】

11】

12】

13】

14 무리를 다시 불러 이르시되 너희는
다 내 말을 듣고 깨달으라
15 무엇이든지 밖에서 사람에게로 들어
가는 것은 능히 사람을 더럽게 하지
못하되
16 사람 안에서 나오는 것이 사람을 더
럽게 하는 것이니라 하시고
17 무리를 떠나 집으로 들어가시니 제자
들이 그 비유를 묻자온대
18 예수께서 이르시되 너희도 이렇게 깨
달음이 없느냐 무엇이든지 밖에서 들
어가는 것이 능히 사람을 더럽게 하
지 못함을 알지 못하느냐
19 이는 마음으로 들어가지 아니하고 배
로 들어가 뒤로 나감이라 이러므로
모든 음식물을 깨끗하다 하시니라
20 또 이르시되 사람에게서 나오는 그것
이 사람을 더럽게 하느니라
21 속에서 곧 사람의 마음에서 나오는 것
은 악한 생각 곧 음란과 도둑질과 살
인과
22 간음과 탐욕과 악독과 속임과 음탕과
질투와 비방과 교만과 우매함이니
23 이 모든 악한 것이 다 속에서 나와서
사람을 더럽게 하느니라

수로보니게 여자의 믿음(마 15:21-28)

24 ○ 예수께서 일어나사 거기를 떠나 두

14】

15】

16】

17】

18】

19】

20】

21】

22】

23】

24】

로 지방으로 가서 한 집에 들어가 아무
도 모르게 하시려 하나 숨길 수 없더라
25 이에 더러운 귀신 들린 어린 딸을 둔
한 여자가 예수의 소문을 듣고 곧 와
서 그 발 아래에 엎드리니
26 그 여자는 헬라인이요 수로보니게 족
속이라 자기 딸에게서 귀신 쫓아내
주시기를 간구하거늘
27 예수께서 이르시되 자녀로 먼저 배불
리 먹게 할지니 자녀의 떡을 취하여
개들에게 던짐이 마땅치 아니하니라
28 여자가 대답하여 이르되 주여 옳소이
다마는 상 아래 개들도 아이들이 먹
던 부스러기를 먹나이다
29 예수께서 이르시되 이 말을 하였으니
돌아가라 귀신이 네 딸에게서 나갔느
니라 하시매
30 여자가 집에 돌아가 본즉 아이가 침
상에 누웠고 귀신이 나갔더라

귀 먹고 말 더듬는 사람을 고치시다

31 ○ 예수께서 다시 두로 지방에서 나
와 시돈을 지나고 데가볼리 지방을
통과하여 갈릴리 호수에 이르시매
32 사람들이 귀 먹고 말 더듬는 자를 데
리고 예수께 나아와 안수하여 주시기
를 간구하거늘
33 예수께서 그 사람을 따로 데리고 무리

25】

26】

27】

28】

29】

30】

31】

32】

33】

를 떠나사 손가락을 그의 양 귀에 넣
고 침을 뱉어 그의 혀에 손을 대시며
34 하늘을 우러러 탄식하시며 그에게 이
르시되 에바다 하시니 이는 열리라는
뜻이라
35 그의 귀가 열리고 혀가 맺힌 것이 곧
풀려 말이 분명하여졌더라
36 예수께서 그들에게 경고하사 아무에
게도 이르지 말라 하시되 경고하실수
록 그들이 더욱 널리 전파하니
37 사람들이 심히 놀라 이르되 그가 모
든 것을 잘하였도다 못 듣는 사람도
듣게 하고 말 못하는 사람도 말하게
한다 하니라

34】

35】

36】

37】

사천 명을 먹이시다(마 15:32-39)

8 1 그 무렵에 또 큰 무리가 있어 먹을
것이 없는지라 예수께서 제자들을
불러 이르시되
2 내가 무리를 불쌍히 여기노라 그들이
나와 함께 있은 지 이미 사흘이 지났
으나 먹을 것이 없도다
3 만일 내가 그들을 굶겨 집으로 보내
면 길에서 기진하리라 그 중에는 멀
리서 온 사람들도 있느니라
4 제자들이 대답하되 이 광야 어디서
떡을 얻어 이 사람들로 배부르게 할

1】

2】

3】

4】

수 있으리이까
5 예수께서 물으시되 너희에게 떡 몇
개나 있느냐 이르되 일곱이로소이다
하거늘
6 예수께서 무리를 명하여 땅에 앉게
하시고 떡 일곱 개를 가지사 축사하
시고 떼어 제자들에게 주어 나누어
주게 하시니 제자들이 무리에게 나누
어 주더라
7 또 작은 생선 두어 마리가 있는지라
이에 축복하시고 명하사 이것도 나누
어 주게 하시니
8 배불리 먹고 남은 조각 일곱 광주리
를 거두었으며
9 사람은 약 사천 명이었더라 예수께서
그들을 흩어 보내시고
10 곧 제자들과 함께 배에 오르사 달마
누다 지방으로 가시니라

이 세대가 표적을 구하나(마 16:1-4)

11 ○ 바리새인들이 나와서 예수를 힐난
하며 그를 시험하여 하늘로부터 오는
표적을 구하거늘
12 예수께서 마음속으로 깊이 탄식하시
며 이르시되 어찌하여 이 세대가 표
적을 구하느냐 내가 진실로 너희에게
이르노니 이 세대에 표적을 주지 아
니하리라 하시고

5】

6】

7】

8】

9】

10】

11】

12】

13 그들을 떠나 다시 배에 올라 건너편
으로 가시니라

바리새인들과 헤롯의 누룩(마 16:5-12)

14 ○ 제자들이 떡 가져오기를 잊었으매
배에 떡 한 개밖에 그들에게 없더라
15 예수께서 경고하여 이르시되 삼가 바
리새인들의 누룩과 헤롯의 누룩을 주
의하라 하시니
16 제자들이 서로 수군거리기를 이는 우
리에게 떡이 없음이로다 하거늘
17 예수께서 아시고 이르시되 너희가 어
찌 떡이 없음으로 수군거리느냐 아직
도 알지 못하며 깨닫지 못하느냐 너
희 마음이 둔하냐
18 너희가 눈이 있어도 보지 못하며 귀
가 있어도 듣지 못하느냐 또 기억하
지 못하느냐
19 내가 떡 다섯 개를 오천 명에게 떼어
줄 때에 조각 몇 바구니를 거두었더
냐 이르되 열둘이니이다
20 또 일곱 개를 사천 명에게 떼어 줄 때
에 조각 몇 광주리를 거두었더냐 이
르되 일곱이니이다
21 이르시되 아직도 깨닫지 못하느냐 하
시니라

벳새다에서 맹인을 고치시다

22 ○ 벳새다에 이르매 사람들이 맹인

13】
14】
15】
16】
17】
18】
19】
20】
21】
22】

한 사람을 데리고 예수께 나아와 손
대시기를 구하거늘
23 예수께서 맹인의 손을 붙잡으시고 마
을 밖으로 데리고 나가사 눈에 침을
뱉으시며 그에게 안수하시고 무엇이
보이느냐 물으시니
24 쳐다보며 이르되 사람들이 보이나이
다 나무 같은 것들이 걸어 가는 것을
보나이다 하거늘
25 이에 그 눈에 다시 안수하시매 그가
주목하여 보더니 나아서 모든 것을
밝히 보는지라
26 예수께서 그 사람을 집으로 보내시며
이르시되 마을에는 들어가지 말라 하
시니라

베드로의 고백, 죽음과 부활을 말씀하심
(마 16:13-28; 눅 9:18-27)

27 ○ 예수와 제자들이 빌립보 가이사랴
여러 마을로 나가실새 길에서 제자들
에게 물어 이르시되 사람들이 나를
누구라고 하느냐
28 제자들이 여짜와 이르되 세례 요한이
라 하고 더러는 엘리야, 더러는 선지
자 중의 하나라 하나이다
29 또 물으시되 너희는 나를 누구라 하
느냐 베드로가 대답하여 이르되 주는
그리스도시니이다 하매
30 이에 자기의 일을 아무에게도 말하지

23】

24】

25】

26】

27】

28】

29】

30】

말라 경고하시고
31 인자가 많은 고난을 받고 장로들과
대제사장들과 서기관들에게 버린 바
되어 죽임을 당하고 사흘 만에 살아
나야 할 것을 비로소 그들에게 가르
치시되
32 드러내 놓고 이 말씀을 하시니 베드
로가 예수를 붙들고 항변하매
33 예수께서 돌이키사 제자들을 보시며
베드로를 꾸짖어 이르시되 사탄아 내
뒤로 물러가라 네가 하나님의 일을
생각하지 아니하고 도리어 사람의 일
을 생각하는도다 하시고
34 무리와 제자들을 불러 이르시되 누구
든지 나를 따라오려거든 자기를 부인
하고 자기 십자가를 지고 나를 따를
것이니라
35 누구든지 자기 목숨을 구원하고자 하
면 잃을 것이요 누구든지 나와 복음
을 위하여 자기 목숨을 잃으면 구원
하리라
36 사람이 만일 온 천하를 얻고도 자기
목숨을 잃으면 무엇이 유익하리요
37 사람이 무엇을 주고 자기 목숨과 바
꾸겠느냐
38 누구든지 이 음란하고 죄 많은 세대
에서 나와 내 말을 부끄러워하면 인

31】

32】

33】

34】

35】

36】

37】

38】

자도 아버지의 영광으로 거룩한 천사
들과 함께 올 때에 그 사람을 부끄러
워하리라

9

1 또 그들에게 이르시되 내가 진실로
너희에게 이르노니 여기 서 있는
사람 중에는 죽기 전에 하나님의 나
라가 권능으로 임하는 것을 볼 자들
도 있느니라 하시니라

영광스러운 모습으로 변형되시다
(마 17:1-13; 눅 9:28-36)

2 ○ 엿새 후에 예수께서 베드로와 야고
보와 요한을 데리시고 따로 높은 산에
올라가셨더니 그들 앞에서 변형되사
3 그 옷이 광채가 나며 세상에서 빨래
하는 자가 그렇게 희게 할 수 없을 만
큼 매우 희어졌더라
4 이에 엘리야가 모세와 함께 그들에게
나타나 예수와 더불어 말하거늘
5 베드로가 예수께 고하되 랍비여 우리
가 여기 있는 것이 좋사오니 우리가
초막 셋을 짓되 하나는 주를 위하여,
하나는 모세를 위하여, 하나는 엘리야
를 위하여 하사이다 하니
6 이는 그들이 몹시 무서워하므로 그가
무슨 말을 할지 알지 못함이더라
7 마침 구름이 와서 그들을 덮으며 구
름 속에서 소리가 나되 이는 내 사랑

1】

2】

3】

4】

5】

6】

7】

하는 아들이니 너희는 그의 말을 들
으라 하는지라
8 문득 둘러보니 아무도 보이지 아니하
고 오직 예수와 자기들뿐이었더라
9 ○ 그들이 산에서 내려올 때에 예수
께서 경고하시되 인자가 죽은 자 가
운데서 살아날 때까지는 본 것을 아
무에게도 이르지 말라 하시니
10 그들이 이 말씀을 마음에 두며 서로
문의하되 죽은 자 가운데서 살아나는
것이 무엇일까 하고
11 이에 예수께 묻자와 이르되 어찌하여
서기관들이 엘리야가 먼저 와야 하리
라 하나이까
12 이르시되 엘리야가 과연 먼저 와서
모든 것을 회복하거니와 어찌 인자에
대하여 기록하기를 많은 고난을 받고
멸시를 당하리라 하였느냐
13 그러나 내가 너희에게 이르노니 엘리
야가 왔으되 기록된 바와 같이 사람들
이 함부로 대우하였느니라 하시니라

귀신 들린 아이를 고치시다
(마 17:14-20; 눅 9:37-43 상)

14 ○ 이에 그들이 제자들에게 와서 보니
큰 무리가 그들을 둘러싸고 서기관들
이 그들과 더불어 변론하고 있더라
15 온 무리가 곧 예수를 보고 매우 놀라
며 달려와 문안하거늘

8】
9】
10】
11】
12】
13】
14】
15】

16 예수께서 물으시되 너희가 무엇을 그
들과 변론하느냐
17 무리 중의 하나가 대답하되 선생님
말 못하게 귀신 들린 내 아들을 선생
님께 데려왔나이다
18 귀신이 어디서든지 그를 잡으면 거꾸
러져 거품을 흘리며 이를 갈며 그리
고 파리해지는지라 내가 선생님의 제
자들에게 내쫓아 달라 하였으나 그들
이 능히 하지 못하더이다
19 대답하여 이르시되 믿음이 없는 세대
여 내가 얼마나 너희와 함께 있으며
얼마나 너희에게 참으리요 그를 내게
로 데려오라 하시매
20 이에 데리고 오니 귀신이 예수를 보
고 곧 그 아이로 심히 경련을 일으키
게 하는지라 그가 땅에 엎드러져 구
르며 거품을 흘리더라
21 예수께서 그 아버지에게 물으시되 언
제부터 이렇게 되었느냐 하시니 이르
되 어릴 때부터니이다
22 귀신이 그를 죽이려고 불과 물에 자
주 던졌나이다 그러나 무엇을 하실
수 있거든 우리를 불쌍히 여기사 도
와 주옵소서
23 예수께서 이르시되 할 수 있거든이
무슨 말이냐 믿는 자에게는 능히 하

16】

17】

18】

19】

20】

21】

22】

23】

지 못할 일이 없느니라 하시니
24 곧 그 아이의 아버지가 소리를 질러
이르되 내가 믿나이다 나의 믿음 없
는 것을 도와 주소서 하더라
25 예수께서 무리가 달려와 모이는 것을
보시고 그 더러운 귀신을 꾸짖어 이
르시되 말 못하고 못 듣는 귀신아 내
가 네게 명하노니 그 아이에게서 나
오고 다시 들어가지 말라 하시매
26 귀신이 소리 지르며 아이로 심히 경
련을 일으키게 하고 나가니 그 아이
가 죽은 것 같이 되어 많은 사람이 말
하기를 죽었다 하나
27 예수께서 그 손을 잡아 일으키시니
이에 일어서니라
28 집에 들어가시매 제자들이 조용히 묻
자오되 우리는 어찌하여 능히 그 귀
신을 쫓아내지 못하였나이까
29 이르시되 기도 외에 다른 것으로는
이런 종류가 나갈 수 없느니라 하시
니라

죽음과 부활을 두 번째로 말씀하시다
(마 17:22-23; 눅 9:43 하-45)

30 ○ 그 곳을 떠나 갈릴리 가운데로 지
날새 예수께서 아무에게도 알리고자
아니하시니
31 이는 제자들을 가르치시며 또 인자가
사람들의 손에 넘겨져 죽임을 당하고

24】

25】

26】

27】

28】

29】

30】

31】

죽은 지 삼 일만에 살아나리라는 것
을 말씀하셨기 때문이더라
32 그러나 제자들은 이 말씀을 깨닫지
못하고 묻기도 두려워하더라

누가 크냐(마 18:1-5; 눅 9:46-48)

33 ○ 가버나움에 이르러 집에 계실새
제자들에게 물으시되 너희가 길에서
서로 토론한 것이 무엇이냐 하시되
34 그들이 잠잠하니 이는 길에서 서로
누가 크냐 하고 쟁론하였음이라
35 예수께서 앉으사 열두 제자를 불러서
이르시되 누구든지 첫째가 되고자 하
면 뭇 사람의 끝이 되며 뭇 사람을 섬
기는 자가 되어야 하리라 하시고
36 어린 아이 하나를 데려다가 그들 가
운데 세우시고 안으시며 제자들에게
이르시되
37 누구든지 내 이름으로 이런 어린 아
이 하나를 영접하면 곧 나를 영접함
이요 누구든지 나를 영접하면 나를
영접함이 아니요 나를 보내신 이를
영접함이니라

우리를 위하는 사람
(마 18:6-9; 눅 9:49-50; 17:1-2)

38 ○ 요한이 예수께 여짜오되 선생님
우리를 따르지 않는 어떤 자가 주의
이름으로 귀신을 내쫓는 것을 우리가
보고 우리를 따르지 아니하므로 금하

32】

33】

34】

35】

36】

37】

38】

였나이다
39 예수께서 이르시되 금하지 말라 내
이름을 의탁하여 능한 일을 행하고
즉시로 나를 비방할 자가 없느니라
40 우리를 반대하지 않는 자는 우리를
위하는 자니라
41 누구든지 너희가 그리스도에게 속한
자라 하여 물 한 그릇이라도 주면 내
가 진실로 너희에게 이르노니 그가
결코 상을 잃지 않으리라
42 또 누구든지 나를 믿는 이 작은 자들
중 하나라도 실족하게 하면 차라리
연자맷돌이 그 목에 매여 바다에 던
져지는 것이 나으리라
43 만일 네 손이 너를 범죄하게 하거든
찍어버리라 장애인으로 영생에 들어
가는 것이 두 손을 가지고 지옥 곧 꺼
지지 않는 불에 들어가는 것보다 나
으니라
44 (없음)
45 만일 네 발이 너를 범죄하게 하거든
찍어버리라 다리 저는 자로 영생에
들어가는 것이 두 발을 가지고 지옥
에 던져지는 것보다 나으니라
46 (없음)
47 만일 네 눈이 너를 범죄하게 하거든
빼버리라 한 눈으로 하나님의 나라에

39】

40】

41】

42】

43】

44】 (없음)

45】

46】 (없음)

47】

들어가는 것이 두 눈을 가지고 지옥
에 던져지는 것보다 나으니라
48 거기에서는 구더기도 죽지 않고 불도
꺼지지 아니하느니라
49 사람마다 불로써 소금 치듯 함을 받
으리라
50 소금은 좋은 것이로되 만일 소금이
그 맛을 잃으면 무엇으로 이를 짜게
하리요 너희 속에 소금을 두고 서로
화목하라 하시니라

48】

49】

50】

이혼에 대하여 가르치시다(마 19:1-12)

10 1 예수께서 거기서 떠나 유대 지경과
요단 강 건너편으로 가시니 무리
가 다시 모여들거늘 예수께서 다시
전례대로 가르치시더니
2 바리새인들이 예수께 나아와 그를 시
험하여 묻되 사람이 아내를 버리는
것이 옳으니이까
3 대답하여 이르시되 모세가 어떻게 너
희에게 명하였느냐
4 이르되 모세는 이혼 증서를 써주어
버리기를 허락하였나이다
5 예수께서 그들에게 이르시되 너희 마
음이 완악함으로 말미암아 이 명령을
기록하였거니와
6 창조 때로부터 사람을 남자와 여자로

1】

2】

3】

4】

5】

6】

지으셨으니
7 이러므로 사람이 그 부모를 떠나서
8 그 둘이 한 몸이 될지니라 이러한즉
이제 둘이 아니요 한 몸이니
9 그러므로 하나님이 짝지어 주신 것
을 사람이 나누지 못할지니라 하시
더라
10 집에서 제자들이 다시 이 일을 물으니
11 이르시되 누구든지 그 아내를 버리고
다른 데에 장가 드는 자는 본처에게
간음을 행함이요
12 또 아내가 남편을 버리고 다른 데로
시집 가면 간음을 행함이니라

어린 아이들을 축복하시다
(마 19:13-15; 눅 18:15-17)

13 ○ 사람들이 예수께서 만져 주심을
바라고 어린 아이들을 데리고 오매
제자들이 꾸짖거늘
14 예수께서 보시고 노하시어 이르시되
어린 아이들이 내게 오는 것을 용납
하고 금하지 말라 하나님의 나라가
이런 자의 것이니라
15 내가 진실로 너희에게 이르노니 누
구든지 하나님의 나라를 어린 아이와
같이 받들지 않는 자는 결단코 그 곳
에 들어가지 못하리라 하시고
16 그 어린 아이들을 안고 그들 위에 안
수하시고 축복하시니라

7】
8】
9】
10】
11】
12】
13】
14】
15】
16】

재물이 많은 사람(마 19:16-30; 눅 18:18-30)

17 ○ 예수께서 길에 나가실새 한 사람
이 달려와서 꿇어 앉아 묻자오되 선
한 선생님이여 내가 무엇을 하여야
영생을 얻으리이까
18 예수께서 이르시되 네가 어찌하여 나
를 선하다 일컫느냐 하나님 한 분 외
에는 선한 이가 없느니라
19 네가 계명을 아나니 살인하지 말라,
간음하지 말라, 도둑질하지 말라, 거
짓 증언 하지 말라, 속여 빼앗지 말라,
네 부모를 공경하라 하였느니라
20 그가 여짜오되 선생님이여 이것은 내
가 어려서부터 다 지켰나이다
21 예수께서 그를 보시고 사랑하사 이르
시되 네게 아직도 한 가지 부족한 것
이 있으니 가서 네게 있는 것을 다 팔
아 가난한 자들에게 주라 그리하면
하늘에서 보화가 네게 있으리라 그리
고 와서 나를 따르라 하시니
22 그 사람은 재물이 많은 고로 이 말씀
으로 인하여 슬픈 기색을 띠고 근심
하며 가니라
23 ○ 예수께서 둘러 보시고 제자들에게
이르시되 재물이 있는 자는 하나님의
나라에 들어가기가 심히 어렵도다 하
시니

17】

18】

19】

20】

21】

22】

23】

24 제자들이 그 말씀에 놀라는지라 예수
께서 다시 대답하여 이르시되 얘들아
하나님의 나라에 들어가기가 얼마나
어려운지
25 낙타가 바늘귀로 나가는 것이 부자가
하나님의 나라에 들어가는 것보다 쉬
우니라 하시니
26 제자들이 매우 놀라 서로 말하되 그런
즉 누가 구원을 얻을 수 있는가 하니
27 예수께서 그들을 보시며 이르시되 사
람으로는 할 수 없으되 하나님으로는
그렇지 아니하니 하나님으로서는 다
하실 수 있느니라
28 베드로가 여짜와 이르되 보소서 우리
가 모든 것을 버리고 주를 따랐나이다
29 예수께서 이르시되 내가 진실로 너
희에게 이르노니 나와 복음을 위하여
집이나 형제나 자매나 어머니나 아버
지나 자식이나 전토를 버린 자는
30 현세에 있어 집과 형제와 자매와 어
머니와 자식과 전토를 백 배나 받되
박해를 겸하여 받고 내세에 영생을
받지 못할 자가 없느니라
31 그러나 먼저 된 자로서 나중 되고 나
중 된 자로서 먼저 될 자가 많으니라

죽음과 부활을 세 번째로 이르시다
(마 20:17-19; 눅 18:31-34)

32 ○ 예루살렘으로 올라가는 길에 예수

24】

25】

26】

27】

28】

29】

30】

31】

32】

께서 그들 앞에 서서 가시는데 그들이
놀라고 따르는 자들은 두려워하더라
이에 다시 열두 제자를 데리시고 자기
가 당할 일을 말씀하여 이르시되
33 보라 우리가 예루살렘에 올라가노니
인자가 대제사장들과 서기관들에게
넘겨지매 그들이 죽이기로 결의하고
이방인들에게 넘겨 주겠고
34 그들은 능욕하며 침 뱉으며 채찍질하
고 죽일 것이나 그는 삼 일 만에 살아
나리라 하시니라

야고보와 요한이 구하는 것(마 20:20-28)

35 ○ 세베대의 아들 야고보와 요한이
주께 나아와 여짜오되 선생님이여 무
엇이든지 우리가 구하는 바를 우리에
게 하여 주시기를 원하옵나이다
36 이르시되 너희에게 무엇을 하여 주기
를 원하느냐
37 여짜오되 주의 영광중에서 우리를 하
나는 주의 우편에, 하나는 좌편에 앉
게 하여 주옵소서
38 예수께서 이르시되 너희는 너희가 구
하는 것을 알지 못하는도다 내가 마시
는 잔을 너희가 마실 수 있으며 내가
받는 세례를 너희가 받을 수 있느냐
39 그들이 말하되 할 수 있나이다 예수
께서 이르시되 너희는 내가 마시는

33】

34】

35】

36】

37】

38】

39】

잔을 마시며 내가 받는 세례를 받으
려니와
40 내 좌우편에 앉는 것은 내가 줄 것이
아니라 누구를 위하여 준비되었든지
그들이 얻을 것이니라
41 열 제자가 듣고 야고보와 요한에 대
하여 화를 내거늘
42 예수께서 불러다가 이르시되 이방인
의 집권자들이 그들을 임의로 주관하
고 그 고관들이 그들에게 권세를 부
리는 줄을 너희가 알거니와
43 너희 중에는 그렇지 않을지니 너희
중에 누구든지 크고자 하는 자는 너
희를 섬기는 자가 되고
44 너희 중에 누구든지 으뜸이 되고자
하는 자는 모든 사람의 종이 되어야
하리라
45 인자가 온 것은 섬김을 받으려 함이
아니라 도리어 섬기려 하고 자기 목
숨을 많은 사람의 대속물로 주려 함
이니라

맹인 바디매오가 고침을 받다
(마 20:29-34; 눅 18:35-43)

46 ○ 그들이 여리고에 이르렀더니 예
수께서 제자들과 허다한 무리와 함께
여리고에서 나가실 때에 디매오의 아
들인 맹인 거지 바디매오가 길 가에
앉았다가

40】

41】

42】

43】

44】

45】

46】

47 나사렛 예수시란 말을 듣고 소리 질
러 이르되 다윗의 자손 예수여 나를
불쌍히 여기소서 하거늘
48 많은 사람이 꾸짖어 잠잠하라 하되
그가 더욱 크게 소리 질러 이르되 다
윗의 자손이여 나를 불쌍히 여기소서
하는지라
49 예수께서 머물러 서서 그를 부르라
하시니 그들이 그 맹인을 부르며 이
르되 안심하고 일어나라 그가 너를
부르신다 하매
50 맹인이 겉옷을 내버리고 뛰어 일어나
예수께 나아오거늘
51 예수께서 말씀하여 이르시되 네게 무
엇을 하여 주기를 원하느냐 맹인이 이
르되 선생님이여 보기를 원하나이다
52 예수께서 이르시되 가라 네 믿음이
너를 구원하였느니라 하시니 그가 곧
보게 되어 예수를 길에서 따르니라

47】

48】

49】

50】

51】

52】

예루살렘에 들어가시다
(마 21:1-11; 눅 19:28-40; 요 12:12-19)

11 1 그들이 예루살렘에 가까이 와서 감
람산 벳바게와 베다니에 이르렀을
때에 예수께서 제자 중 둘을 보내시며
2 이르시되 너희는 맞은편 마을로 가라
그리로 들어가면 곧 아직 아무도 타
보지 않은 나귀 새끼가 매여 있는 것

1】

2】

을 보리니 풀어 끌고 오라
3 만일 누가 너희에게 왜 이렇게 하느
냐 묻거든 주가 쓰시겠다 하라 그리
하면 즉시 이리로 보내리라 하시니
4 제자들이 가서 본즉 나귀 새끼가 문 앞
거리에 매여 있는지라 그것을 푸니
5 거기 서 있는 사람 중 어떤 이들이 이
르되 나귀 새끼를 풀어 무엇 하려느
냐 하매
6 제자들이 예수께서 이르신 대로 말한
대 이에 허락하는지라
7 나귀 새끼를 예수께로 끌고 와서 자
기들의 겉옷을 그 위에 얹어 놓으매
예수께서 타시니
8 많은 사람들은 자기들의 겉옷을, 또
다른 이들은 들에서 벤 나뭇가지를
길에 펴며
9 앞에서 가고 뒤에서 따르는 자들이
소리 지르되 호산나 찬송하리로다 주
의 이름으로 오시는 이여
10 찬송하리로다 오는 우리 조상 다윗의
나라여 가장 높은 곳에서 호산나 하
더라
11 예수께서 예루살렘에 이르러 성전에
들어가사 모든 것을 둘러 보시고 때
가 이미 저물매 열두 제자를 데리시
고 베다니에 나가시니라

3】
4】
5】
6】
7】
8】
9】
10】
11】

무화과나무에게 이르시다(마 21:18-19)

12 ○ 이튿날 그들이 베다니에서 나왔을 12】
때에 예수께서 시장하신지라
13 멀리서 잎사귀 있는 한 무화과나무를 13】
보시고 혹 그 나무에 무엇이 있을까
하여 가셨더니 가서 보신즉 잎사귀 외
에 아무 것도 없더라 이는 무화과의
때가 아님이라
14 예수께서 나무에게 말씀하여 이르시 14】
되 이제부터 영원토록 사람이 네게서
열매를 따 먹지 못하리라 하시니 제자
들이 이를 듣더라

성전을 깨끗하게 하시다
(마 21:12-17; 눅 19:45-48; 요 2:13-22)

15 ○ 그들이 예루살렘에 들어가니라 예 15】
수께서 성전에 들어가사 성전 안에서
매매하는 자들을 내쫓으시며 돈 바꾸
는 자들의 상과 비둘기 파는 자들의
의자를 둘러 엎으시며
16 아무나 물건을 가지고 성전 안으로 지 16】
나다님을 허락하지 아니하시고
17 이에 가르쳐 이르시되 기록된 바 내 17】
집은 만민이 기도하는 집이라 칭함을
받으리라고 하지 아니하였느냐 너희
는 강도의 소굴을 만들었도다 하시매
18 대제사장들과 서기관들이 듣고 예수 18】
를 어떻게 죽일까 하고 꾀하니 이는
무리가 다 그의 교훈을 놀랍게 여기

므로 그를 두려워함일러라

19 ○ 그리고 날이 저물매 그들이 성 밖
으로 나가더라

무화과나무가 마르다(마 21:20-22)

20 ○ 그들이 아침에 지나갈 때에 무화
과나무가 뿌리째 마른 것을 보고
21 베드로가 생각이 나서 여짜오되 랍비
여 보소서 저주하신 무화과나무가 말
랐나이다
22 예수께서 그들에게 대답하여 이르시
되 하나님을 믿으라
23 내가 진실로 너희에게 이르노니 누구
든지 이 산더러 들리어 바다에 던져
지라 하며 그 말하는 것이 이루어질
줄 믿고 마음에 의심하지 아니하면
그대로 되리라
24 그러므로 내가 너희에게 말하노니 무
엇이든지 기도하고 구하는 것은 받은
줄로 믿으라 그리하면 너희에게 그대
로 되리라
25 서서 기도할 때에 아무에게나 혐의가
있거든 용서하라 그리하여야 하늘에
계신 너희 아버지께서도 너희 허물을
사하여 주시리라 하시니라
26 (없음)

예수의 권위를 두고 말하다
(마 21:23-27; 눅 20:1-8)

27 ○ 그들이 다시 예루살렘에 들어가

19】

20】

21】

22】

23】

24】

25】

26】 (없음)

27】

니라 예수께서 성전에서 거니실 때
에 대제사장들과 서기관들과 장로들
이 나아와
28 이르되 무슨 권위로 이런 일을 하느
냐 누가 이런 일 할 권위를 주었느냐
29 예수께서 이르시되 나도 한 말을 너
희에게 물으리니 대답하라 그리하면
나도 무슨 권위로 이런 일을 하는지
이르리라
30 요한의 세례가 하늘로부터냐 사람으
로부터냐 내게 대답하라
31 그들이 서로 의논하여 이르되 만일
하늘로부터라 하면 어찌하여 그를 믿
지 아니하였느냐 할 것이니
32 그러면 사람으로부터라 할까 하였으나
모든 사람이 요한을 참 선지자로 여기
므로 그들이 백성을 두려워하는지라
33 이에 예수께 대답하여 이르되 우리가
알지 못하노라 하니 예수께서 이르시
되 나도 무슨 권위로 이런 일을 하는지
너희에게 이르지 아니하리라 하시니라

28】

29】

30】

31】

32】

33】

포도원 농부 비유(마 21:33-46; 눅 20:9-19)

12 1 예수께서 비유로 그들에게 말씀하
시되 한 사람이 포도원을 만들어
산울타리로 두르고 즙 짜는 틀을 만
들고 망대를 지어서 농부들에게 세로

1】

주고 타국에 갔더니
2 때가 이르매 농부들에게 포도원 소출
얼마를 받으려고 한 종을 보내니
3 그들이 종을 잡아 심히 때리고 거저
보내었거늘
4 다시 다른 종을 보내니 그의 머리에
상처를 내고 능욕하였거늘
5 또 다른 종을 보내니 그들이 그를 죽
이고 또 그 외 많은 종들도 더러는 때
리고 더러는 죽인지라
6 이제 한 사람이 남았으니 곧 그가 사랑
하는 아들이라 최후로 이를 보내며 이
르되 내 아들은 존대하리라 하였더니
7 그 농부들이 서로 말하되 이는 상속
자니 자 죽이자 그러면 그 유산이 우
리 것이 되리라 하고
8 이에 잡아 죽여 포도원 밖에 내던졌
느니라
9 포도원 주인이 어떻게 하겠느냐 와서
그 농부들을 진멸하고 포도원을 다른
사람들에게 주리라
10 너희가 성경에 건축자들이 버린 돌이
모퉁이의 머릿돌이 되었나니
11 이것은 주로 말미암아 된 것이요 우
리 눈에 놀랍도다 함을 읽어 보지도
못하였느냐 하시니라
12 그들이 예수의 이 비유가 자기들을

2】

3】

4】

5】

6】

7】

8】

9】

10】

11】

12】

가리켜 말씀하심인 줄 알고 잡고자
하되 무리를 두려워하여 예수를 두고
가니라

가이사에게 세금을 바치는 것
(마 22:15-22; 눅 20:20-26)

13 ○ 그들이 예수의 말씀을 책잡으려
하여 바리새인과 헤롯당 중에서 사람
을 보내매
14 와서 이르되 선생님이여 우리가 아
노니 당신은 참되시고 아무도 꺼리
는 일이 없으시니 이는 사람을 외모
로 보지 않고 오직 진리로써 하나님
의 도를 가르치심이니이다 가이사에
게 세금을 바치는 것이 옳으니이까
옳지 아니하니이까
15 우리가 바치리이까 말리이까 한대 예
수께서 그 외식함을 아시고 이르시되
어찌하여 나를 시험하느냐 데나리온
하나를 가져다가 내게 보이라 하시니
16 가져왔거늘 예수께서 이르시되 이 형
상과 이 글이 누구의 것이냐 이르되
가이사의 것이니이다
17 이에 예수께서 이르시되 가이사의 것
은 가이사에게, 하나님의 것은 하나님
께 바치라 하시니 그들이 예수께 대
하여 매우 놀랍게 여기더라

부활 논쟁(마 22:23-33; 눅 20:27-40)

18 ○ 부활이 없다 하는 사두개인들이

13】

14】

15】

16】

17】

18】

예수께 와서 물어 이르되
19 선생님이여 모세가 우리에게 써 주기
를 어떤 사람의 형이 자식이 없이 아
내를 두고 죽으면 그 동생이 그 아내
를 취하여 형을 위하여 상속자를 세
울지니라 하였나이다
20 칠 형제가 있었는데 맏이가 아내를
취하였다가 상속자가 없이 죽고
21 둘째도 그 여자를 취하였다가 상속자
가 없이 죽고 셋째도 그렇게 하여
22 일곱이 다 상속자가 없었고 최후에
여자도 죽었나이다
23 일곱 사람이 다 그를 아내로 취하였
으니 부활 때 곧 그들이 살아날 때에
그 중의 누구의 아내가 되리이까
24 예수께서 이르시되 너희가 성경도 하
나님의 능력도 알지 못하므로 오해함
이 아니냐
25 사람이 죽은 자 가운데서 살아날 때에
는 장가도 아니 가고 시집도 아니 가
고 하늘에 있는 천사들과 같으니라
26 죽은 자가 살아난다는 것을 말할진
대 너희가 모세의 책 중 가시나무 떨
기에 관한 글에 하나님께서 모세에게
이르시되 나는 아브라함의 하나님이
요 이삭의 하나님이요 야곱의 하나님
이로라 하신 말씀을 읽어보지 못하였

19】
20】
21】
22】
23】
24】
25】
26】

느냐
27 하나님은 죽은 자의 하나님이 아니요
산 자의 하나님이시라 너희가 크게
오해하였도다 하시니라

가장 큰 계명(마 22:34-40; 눅 10:25-28)

28 ○ 서기관 중 한 사람이 그들이 변론
하는 것을 듣고 예수께서 잘 대답하
신 줄을 알고 나아와 묻되 모든 계명
중에 첫째가 무엇이니이까
29 예수께서 대답하시되 첫째는 이것이
니 이스라엘아 들으라 주 곧 우리 하
나님은 유일한 주시라
30 네 마음을 다하고 목숨을 다하고 뜻
을 다하고 힘을 다하여 주 너의 하나
님을 사랑하라 하신 것이요
31 둘째는 이것이니 네 이웃을 네 자신
과 같이 사랑하라 하신 것이라 이보
다 더 큰 계명이 없느니라
32 서기관이 이르되 선생님이여 옳소이
다 하나님은 한 분이시요 그 외에 다른
이가 없다 하신 말씀이 참이니이다
33 또 마음을 다하고 지혜를 다하고 힘
을 다하여 하나님을 사랑하는 것과
또 이웃을 자기 자신과 같이 사랑하
는 것이 전체로 드리는 모든 번제물
과 기타 제물보다 나으니이다
34 예수께서 그가 지혜 있게 대답함을

27】

28】

29】

30】

31】

32】

33】

34】

보시고 이르시되 네가 하나님의 나라
에서 멀지 않도다 하시니 그 후에 감
히 묻는 자가 없더라

그리스도와 다윗의 자손(마 22:41-46; 눅 20:41-44)

35 ○ 예수께서 성전에서 가르치실새 대
답하여 이르시되 어찌하여 서기관들이
그리스도를 다윗의 자손이라 하느냐
36 다윗이 성령에 감동되어 친히 말하되
주께서 내 주께 이르시되 내가 네 원
수를 네 발 아래에 둘 때까지 내 우편
에 앉았으라 하셨도다 하였느니라
37 다윗이 그리스도를 주라 하였은즉 어
찌 그의 자손이 되겠느냐 하시니 많
은 사람들이 즐겁게 듣더라

서기관들을 삼가라(마 23:1-36; 눅 20:45-47)

38 ○ 예수께서 가르치실 때에 이르시되
긴 옷을 입고 다니는 것과 시장에서
문안 받는 것과
39 회당의 높은 자리와 잔치의 윗자리를
원하는 서기관들을 삼가라
40 그들은 과부의 가산을 삼키며 외식으
로 길게 기도하는 자니 그 받는 판결
이 더욱 중하리라 하시니라

가난한 과부의 헌금(눅 21:1-4)

41 ○ 예수께서 헌금함을 대하여 앉으사
무리가 어떻게 헌금함에 돈 넣는가를
보실새 여러 부자는 많이 넣는데

35】

36】

37】

38】

39】

40】

41】

년 월 일

42 한 가난한 과부는 와서 두 렙돈 곧 한
고드란트를 넣는지라
43 예수께서 제자들을 불러다가 이르시
되 내가 진실로 너희에게 이르노니
이 가난한 과부는 헌금함에 넣는 모
든 사람보다 많이 넣었도다
44 그들은 다 그 풍족한 중에서 넣었거
니와 이 과부는 그 가난한 중에서 자
기의 모든 소유 곧 생활비 전부를 넣
었느니라 하시니라

42】

43】

44】

성전이 무너뜨려질 것을 이르시다
(마 24:1-2; 눅 21:5-6)

13

1 예수께서 성전에서 나가실 때에 제
자 중 하나가 이르되 선생님이여
보소서 이 돌들이 어떠하며 이 건물
들이 어떠하니이까
2 예수께서 이르시되 네가 이 큰 건물
들을 보느냐 돌 하나도 돌 위에 남지
않고 다 무너뜨려지리라 하시니라

1】

2】

재난의 징조(마 24:3-14; 눅 21:7-19)

3 ○ 예수께서 감람 산에서 성전을 마주
대하여 앉으셨을 때에 베드로와 야고
보와 요한과 안드레가 조용히 묻되
4 우리에게 이르소서 어느 때에 이런
일이 있겠사오며 이 모든 일이 이루
어지려 할 때에 무슨 징조가 있사오
리이까

3】

4】

5 예수께서 이르시되 너희가 사람의 미
혹을 받지 않도록 주의하라
6 많은 사람이 내 이름으로 와서 이르
되 내가 그라 하여 많은 사람을 미혹
하리라
7 난리와 난리의 소문을 들을 때에 두
려워하지 말라 이런 일이 있어야 하
되 아직 끝은 아니니라
8 민족이 민족을, 나라가 나라를 대적
하여 일어나겠고 곳곳에 지진이 있으
며 기근이 있으리니 이는 재난의 시
작이니라
9 ○ 너희는 스스로 조심하라 사람들이
너희를 공회에 넘겨 주겠고 너희를 회
당에서 매질하겠으며 나로 말미암아
너희가 권력자들과 임금들 앞에 서리
니 이는 그들에게 증거가 되려 함이라
10 또 복음이 먼저 만국에 전파되어야
할 것이니라
11 사람들이 너희를 끌어다가 넘겨 줄 때
에 무슨 말을 할까 미리 염려하지 말
고 무엇이든지 그 때에 너희에게 주
시는 그 말을 하라 말하는 이는 너희
가 아니요 성령이시니라
12 형제가 형제를, 아버지가 자식을 죽는
데에 내주며 자식들이 부모를 대적하
여 죽게 하리라

5】

6】

7】

8】

9】

10】

11】

12】

13 또 너희가 내 이름으로 말미암아 모
든 사람에게 미움을 받을 것이나 끝
까지 견디는 자는 구원을 받으리라

가장 큰 환난(마 24:15-28; 눅 21:20-24)

14 ○ 멸망의 가증한 것이 서지 못할 곳
에 선 것을 보거든 (읽는 자는 깨달을
진저) 그 때에 유대에 있는 자들은 산
으로 도망할지어다
15 지붕 위에 있는 자는 내려가지도 말
고 집에 있는 무엇을 가지러 들어가
지도 말며
16 밭에 있는 자는 겉옷을 가지러 뒤로
돌이키지 말지어다
17 그 날에는 아이 밴 자들과 젖먹이는
자들에게 화가 있으리로다
18 이 일이 겨울에 일어나지 않도록 기
도하라
19 이는 그 날들이 환난의 날이 되겠음
이라 하나님께서 창조하신 시초부터
지금까지 이런 환난이 없었고 후에도
없으리라
20 만일 주께서 그 날들을 감하지 아니
하셨더라면 모든 육체가 구원을 얻지
못할 것이거늘 자기가 택하신 자들을
위하여 그 날들을 감하셨느니라
21 그 때에 어떤 사람이 너희에게 말하
되 보라 그리스도가 여기 있다 보라

13】

14】

15】

16】

17】

18】

19】

20】

21】

저기 있다 하여도 믿지 말라
22 거짓 그리스도들과 거짓 선지자들이
일어나서 이적과 기사를 행하여 할 수
만 있으면 택하신 자들을 미혹하려 하
리라
23 너희는 삼가라 내가 모든 일을 너희
에게 미리 말하였노라

인자가 오는 것을 보리라
(마 24:29-31; 눅 21:25-28)

24 ○ 그 때에 그 환난 후 해가 어두워지
며 달이 빛을 내지 아니하며
25 별들이 하늘에서 떨어지며 하늘에 있
는 권능들이 흔들리리라
26 그 때에 인자가 구름을 타고 큰 권능
과 영광으로 오는 것을 사람들이 보
리라
27 또 그 때에 그가 천사들을 보내어 자
기가 택하신 자들을 땅 끝으로부터
하늘 끝까지 사방에서 모으리라

무화과나무 비유에서 배울 교훈
(마 24:32-44; 눅 21:29-33)

28 ○ 무화과나무의 비유를 배우라 그
가지가 연하여지고 잎사귀를 내면 여
름이 가까운 줄 아나니
29 이와 같이 너희가 이런 일이 일어나
는 것을 보거든 인자가 가까이 곧 문
앞에 이른 줄 알라
30 내가 진실로 너희에게 말하노니 이
세대가 지나가기 전에 이 일이 다 일

22】

23】

24】

25】

26】

27】

28】

29】

30】

어나리라

31 천지는 없어지겠으나 내 말은 없어지
지 아니하리라

32 그러나 그 날과 그 때는 아무도 모르
나니 하늘에 있는 천사들도, 아들도
모르고 아버지만 아시느니라

33 주의하라 깨어 있으라 그 때가 언제
인지 알지 못함이라

34 가령 사람이 집을 떠나 타국으로 갈
때에 그 종들에게 권한을 주어 각각
사무를 맡기며 문지기에게 깨어 있으
라 명함과 같으니

35 그러므로 깨어 있으라 집 주인이 언
제 올는지 혹 저물 때일는지, 밤중일
는지, 닭 울 때일는지, 새벽일는지 너
희가 알지 못함이라

36 그가 홀연히 와서 너희가 자는 것을
보지 않도록 하라

37 깨어 있으라 내가 너희에게 하는 이
말은 모든 사람에게 하는 말이니라
하시니라

31】

32】

33】

34】

35】

36】

37】

예수를 죽일 방도를 찾다
(마 26:1-5; 눅 22:1-2; 요 11:45-53)

14
1 이틀이 지나면 유월절과 무교절이
라 대제사장들과 서기관들이 예수
를 흉계로 잡아 죽일 방도를 구하며

2 이르되 민란이 날까 하노니 명절에는

1】

2】

하지 말자 하더라

예수의 머리에 향유를 붓다
(마 26:6-134; 요 12:1-8)

3 ○ 예수께서 베다니 나병환자 시몬의
집에서 식사하실 때에 한 여자가 매
우 값진 향유 곧 순전한 나드 한 옥합
을 가지고 와서 그 옥합을 깨뜨려 예
수의 머리에 부으니
4 어떤 사람들이 화를 내어 서로 말하
되 어찌하여 이 향유를 허비하는가
5 이 향유를 삼백 데나리온 이상에 팔
아 가난한 자들에게 줄 수 있었겠도
다 하며 그 여자를 책망하는지라
6 예수께서 이르시되 가만 두라 너희가
어찌하여 그를 괴롭게 하느냐 그가
내게 좋은 일을 하였느니라
7 가난한 자들은 항상 너희와 함께 있
으니 아무 때라도 원하는 대로 도울
수 있거니와 나는 너희와 항상 함께
있지 아니하리라
8 그는 힘을 다하여 내 몸에 향유를 부
어 내 장례를 미리 준비하였느니라
9 내가 진실로 너희에게 이르노니 온
천하에 어디서든지 복음이 전파되는
곳에는 이 여자가 행한 일도 말하여
그를 기억하리라 하시니라

유다가 배반하다(마 26:14-16; 눅 22:3-6)

10 ○ 열둘 중의 하나인 가룟 유다가 예수

3】

4】

5】

6】

7】

8】

9】

10】

를 넘겨 주려고 대제사장들에게 가매
11 그들이 듣고 기뻐하여 돈을 주기로
약속하니 유다가 예수를 어떻게 넘겨
줄까 하고 그 기회를 찾더라

제자들과 함께 유월절을 지키시다
(마 26:17-25; 눅 22:7-14; 21-23; 요 13:21-30)

12 ○ 무교절의 첫날 곧 유월절 양 잡는
날에 제자들이 예수께 여짜오되 우리
가 어디로 가서 선생님께서 유월절
음식을 잡수시게 준비하기를 원하시
나이까 하매
13 예수께서 제자 중의 둘을 보내시며
이르시되 성내로 들어가라 그리하면
물 한 동이를 가지고 가는 사람을 만
나리니 그를 따라가서
14 어디든지 그가 들어가는 그 집 주인
에게 이르되 선생님의 말씀이 내가
내 제자들과 함께 유월절 음식을 먹
을 나의 객실이 어디 있느냐 하시더
라 하라
15 그리하면 자리를 펴고 준비한 큰 다
락방을 보이리니 거기서 우리를 위하
여 준비하라 하시니
16 제자들이 나가 성내로 들어가서 예
수께서 하시던 말씀대로 만나 유월절
음식을 준비하니라
17 ○ 저물매 그 열둘을 데리시고 가서
18 다 앉아 먹을 때에 예수께서 이르시

11】

12】

13】

14】

15】

16】

17】

18】

되 내가 진실로 너희에게 이르노니
너희 중의 한 사람 곧 나와 함께 먹는
자가 나를 팔리라 하신대
19 그들이 근심하며 하나씩 하나씩 나는
아니지요 하고 말하기 시작하니
20 그들에게 이르시되 열둘 중의 하나 곧
나와 함께 그릇에 손을 넣는 자니라
21 인자는 자기에 대하여 기록된 대로
가거니와 인자를 파는 그 사람에게
는 화가 있으리로다 그 사람은 차라
리 나지 아니하였더라면 자기에게 좋
을 뻔하였느니라 하시니라

마지막 만찬
(마 26:26-30; 눅 22:15-20; 고전 11:23-25)

22 ○ 그들이 먹을 때에 예수께서 떡을
가지사 축복하시고 떼어 제자들에게
주시며 이르시되 받으라 이것은 내
몸이니라 하시고
23 또 잔을 가지사 감사 기도 하시고 그
들에게 주시니 다 이를 마시매
24 이르시되 이것은 많은 사람을 위하여
흘리는 나의 피 곧 언약의 피니라
25 진실로 너희에게 이르노니 내가 포
도나무에서 난 것을 하나님 나라에서
새 것으로 마시는 날까지 다시 마시
지 아니하리라 하시니라
26 ○ 이에 그들이 찬미하고 감람 산으
로 가니라

19】

20】

21】

22】

23】

24】

25】

26】

베드로가 부인한 것을 예언하시다
(마 26:31-35; 눅 22:31-34; 요 13:36-38)

27 ○ 예수께서 제자들에게 이르시되 너
희가 다 나를 버리리라 이는 기록된
바 내가 목자를 치리니 양들이 흩어
지리라 하였음이니라
28 그러나 내가 살아난 후에 너희보다
먼저 갈릴리로 가리라
29 베드로가 여짜오되 다 버릴지라도 나
는 그리하지 않겠나이다
30 예수께서 이르시되 내가 진실로 네게
이르노니 오늘 이 밤 닭이 두 번 울기
전에 네가 세 번 나를 부인하리라
31 베드로가 힘있게 말하되 내가 주와
함께 죽을지언정 주를 부인하지 않겠
나이다 하고 모든 제자도 이와 같이
말하니라

겟세마네에서 기도하시다
(마 26:36-46; 눅 22:39-46)

32 ○ 그들이 겟세마네라 하는 곳에 이
르매 예수께서 제자들에게 이르시되
내가 기도할 동안에 너희는 여기 앉
아 있으라 하시고
33 베드로와 야고보와 요한을 데리고 가
실새 심히 놀라시며 슬퍼하사
34 말씀하시되 내 마음이 심히 고민하여
죽게 되었으니 너희는 여기 머물러
깨어 있으라 하시고
35 조금 나아가사 땅에 엎드리어 될 수

27】

28】

29】

30】

31】

32】

33】

34】

35】

있는 대로 이 때가 자기에게서 지나
가기를 구하여
36 이르시되 아빠 아버지여 아버지께는
모든 것이 가능하오니 이 잔을 내게
서 옮기시옵소서 그러나 나의 원대로
마시옵고 아버지의 원대로 하옵소서
하시고
37 돌아오사 제자들이 자는 것을 보시고
베드로에게 말씀하시되 시몬아 자느냐
네가 한 시간도 깨어 있을 수 없더냐
38 시험에 들지 않게 깨어 있어 기도하
라 마음에는 원이로되 육신이 약하도
다 하시고
39 다시 나아가 동일한 말씀으로 기도하
시고
40 다시 오사 보신즉 그들이 자니 이는
그들의 눈이 심히 피곤함이라 그들
이 예수께 무엇으로 대답할 줄을 알
지 못하더라
41 세 번째 오사 그들에게 이르시되 이
제는 자고 쉬라 그만 되었다 때가 왔
도다 보라 인자가 죄인의 손에 팔리
느니라
42 일어나라 함께 가자 보라 나를 파는
자가 가까이 왔느니라

잡히시다
(마 26:47-56; 눅 22:47-53; 요 18:2-12)

43 ○ 예수께서 말씀하실 때에 곧 열둘

36】

37】

38】

39】

40】

41】

42】

43】

중의 하나인 유다가 왔는데 대제사장
들과 서기관들과 장로들에게서 파송
된 무리가 검과 몽치를 가지고 그와
함께 하였더라
44 예수를 파는 자가 이미 그들과 군호
를 짜 이르되 내가 입맞추는 자가 그
이니 그를 잡아 단단히 끌어 가라 하
였는지라
45 이에 와서 곧 예수께 나아와 랍비여
하고 입을 맞추니
46 그들이 예수께 손을 대어 잡거늘
47 곁에 서 있는 자 중의 한 사람이 칼을
빼어 대제사장의 종을 쳐 그 귀를 떨
어뜨리니라
48 예수께서 무리에게 말씀하여 이르시
되 너희가 강도를 잡는 것 같이 검과
몽치를 가지고 나를 잡으러 나왔느냐
49 내가 날마다 너희와 함께 성전에 있으
면서 가르쳤으되 너희가 나를 잡지 아
니하였도다 그러나 이는 성경을 이루
려 함이니라 하시더라
50 제자들이 다 예수를 버리고 도망하
니라

한 청년이 벗은 몸으로 도망하다

51 ○ 한 청년이 벗은 몸에 베 홑이불을
두르고 예수를 따라가다가 무리에게
잡히매

44】

45】

46】

47】

48】

49】

50】

51】

52 베 홑이불을 버리고 벗은 몸으로 도
망하니라

공회 앞에 서시다(마 26:57-68; 눅 22:54-55, 63-71; 요 18:13-14, 19-24)

53 ○ 그들이 예수를 끌고 대제사장에게
로 가니 대제사장들과 장로들과 서기
관들이 다 모이더라
54 베드로가 예수를 멀찍이 따라 대제사
장의 집 뜰 안까지 들어가서 아랫사
람들과 함께 앉아 불을 쬐더라
55 대제사장들과 온 공회가 예수를 죽
이려고 그를 칠 증거를 찾되 얻지 못
하니
56 이는 예수를 쳐서 거짓 증언 하는 자
가 많으나 그 증언이 서로 일치하지
못함이라
57 어떤 사람들이 일어나 예수를 쳐서
거짓 증언 하여 이르되
58 우리가 그의 말을 들으니 손으로 지
은 이 성전을 내가 헐고 손으로 짓지
아니한 다른 성전을 사흘 동안에 지
으리라 하더라 하되
59 그 증언도 서로 일치하지 않더라
60 대제사장이 가운데 일어서서 예수에
게 물어 이르되 너는 아무 대답도 없
느냐 이 사람들이 너를 치는 증거가
어떠하냐 하되
61 침묵하고 아무 대답도 아니하시거늘

52】

53】

54】

55】

56】

57】

58】

59】

60】

61】

대제사장이 다시 물어 이르되 네가 찬
송 받을 이의 아들 그리스도냐
62 예수께서 이르시되 내가 그니라 인자
가 권능자의 우편에 앉은 것과 하늘
구름을 타고 오는 것을 너희가 보리
라 하시니
63 대제사장이 자기 옷을 찢으며 이르되
우리가 어찌 더 증인을 요구하리요
64 그 신성 모독 하는 말을 너희가 들었
도다 너희는 어떻게 생각하느냐 하니
그들이 다 예수를 사형에 해당한 자
로 정죄하고
65 어떤 사람은 그에게 침을 뱉으며 그의
얼굴을 가리고 주먹으로 치며 이르되
선지자 노릇을 하라 하고 하인들은 손
바닥으로 치더라

베드로가 예수를 알지 못한다고 하다
(마 26:69-75; 눅 22:56-62; 요 18:15-18, 25-27)

66 ○ 베드로는 아랫뜰에 있더니 대제사
장의 여종 하나가 와서
67 베드로가 불 쬐고 있는 것을 보고 주
목하여 이르되 너도 나사렛 예수와 함
께 있었도다 하거늘
68 베드로가 부인하여 이르되 나는 네가
말하는 것이 무엇인지 알지도 못하고
깨닫지도 못하겠노라 하며 앞뜰로 나
갈새
69 여종이 그를 보고 곁에 서 있는 자들

62】

63】

64】

65】

66】

67】

68】

69】

에게 다시 이르되 이 사람은 그 도당
이라 하되
70 또 부인하더라 조금 후에 곁에 서 있
는 사람들이 다시 베드로에게 말하되
너도 갈릴리 사람이니 참으로 그 도
당이니라
71 그러나 베드로가 저주하며 맹세하되
나는 너희가 말하는 이 사람을 알지
못하노라 하니
72 닭이 곧 두 번째 울더라 이에 베드로
가 예수께서 자기에게 하신 말씀 곧
닭이 두 번 울기 전에 네가 세 번 나를
부인하리라 하심이 기억되어 그 일을
생각하고 울었더라

70】

71】

72】

빌라도가 예수께 묻다
(마 27:1-2, 11-14; 눅 23:1-5; 요 18:28-38)

15 1 새벽에 대제사장들이 즉시 장로들
과 서기관들 곧 온 공회와 더불어
의논하고 예수를 결박하여 끌고 가서
빌라도에게 넘겨 주니
2 빌라도가 묻되 네가 유대인의 왕이냐
예수께서 대답하여 이르시되 네 말이
옳도다 하시매
3 대제사장들이 여러 가지로 고발하는
지라
4 빌라도가 또 물어 이르되 아무 대답
도 없느냐 그들이 얼마나 많은 것으

1】

2】

3】

4】

로 너를 고발하는가 보라 하되
5 예수께서 다시 아무 말씀으로도 대답
하지 아니하시니 빌라도가 놀랍게 여
기더라

십자가에 못 박히게 예수를 넘기다
(마 27:15-26; 눅 23:13-25; 요 18:39-19:16)

6 ○ 명절이 되면 백성들이 요구하는
대로 죄수 한 사람을 놓아 주는 전례
가 있더니
7 민란을 꾸미고 그 민란중에 살인하고
체포된 자 중에 바라바라 하는 자가
있는지라
8 무리가 나아가서 전례대로 하여 주기
를 요구한대
9 빌라도가 대답하여 이르되 너희는 내
가 유대인의 왕을 너희에게 놓아 주
기를 원하느냐 하니
10 이는 그가 대제사장들이 시기로 예수
를 넘겨 준 줄 앎이러라
11 그러나 대제사장들이 무리를 충동하
여 도리어 바라바를 놓아 달라 하게
하니
12 빌라도가 또 대답하여 이르되 그러면
너희가 유대인의 왕이라 하는 이를
내가 어떻게 하랴
13 그들이 다시 소리 지르되 그를 십자
가에 못 박게 하소서
14 빌라도가 이르되 어찜이냐 무슨 악한

5】
6】
7】
8】
9】
10】
11】
12】
13】
14】

일을 하였느냐 하니 더욱 소리 지르되
십자가에 못 박게 하소서 하는지라
15 빌라도가 무리에게 만족을 주고자 하
여 바라바는 놓아 주고 예수는 채찍
질하고 십자가에 못 박히게 넘겨 주
니라

군인들이 예수를 희롱하다
(마 27:27-31; 요 19:2-3)

16 ○ 군인들이 예수를 끌고 브라이도리
온이라는 뜰 안으로 들어가서 온 군
대를 모으고
17 예수에게 자색 옷을 입히고 가시관을
엮어 씌우고
18 경례하여 이르되 유대인의 왕이여 평
안할지어다 하고
19 갈대로 그의 머리를 치며 침을 뱉으
며 꿇어 절하더라
20 희롱을 다 한 후 자색 옷을 벗기고 도
로 그의 옷을 입히고 십자가에 못 박
으려고 끌고 나가니라

십자가에 못 박히시다
(마 27:32-44; 눅 23:26-43; 요 19:17-27)

21 ○ 마침 알렉산더와 루포의 아버지인
구레네 사람 시몬이 시골로부터 와서
지나가는데 그들이 그를 억지로 같이
가게 하여 예수의 십자가를 지우고
22 예수를 끌고 골고다라 하는 곳(번역
하면 해골의 곳)에 이르러
23 몰약을 탄 포도주를 주었으나 예수께

15】

16】

17】

18】

19】

20】

21】

22】

23】

년 월 일

서 받지 아니하시니라
24 십자가에 못 박고 그 옷을 나눌새 누
가 어느 것을 가질까 하여 제비를 뽑
더라
25 때가 제삼시가 되어 십자가에 못 박
으니라
26 그 위에 있는 죄패에 유대인의 왕이
라 썼고
27 강도 둘을 예수와 함께 십자가에 못
박으니 하나는 그의 우편에, 하나는
좌편에 있더라
28 (없음)
29 지나가는 자들은 자기 머리를 흔들며
예수를 모욕하여 이르되 아하 성전을
헐고 사흘에 짓는다는 자여
30 네가 너를 구원하여 십자가에서 내려
오라 하고
31 그와 같이 대제사장들도 서기관들과
함께 희롱하며 서로 말하되 그가 남
은 구원하였으되 자기는 구원할 수
없도다
32 이스라엘의 왕 그리스도가 지금 십자
가에서 내려와 우리가 보고 믿게 할
지어다 하며 함께 십자가에 못 박힌
자들도 예수를 욕하더라

숨지시다
(마 27:45-61; 눅 23:44-56; 요 19:28-30, 38-42)

33 ○ 제육시가 되매 온 땅에 어둠이 임

24】

25】

26】

27】

28】 (없음)

29】

30】

31】

32】

33】

하여 제구시까지 계속하더니
34 제구시에 예수께서 크게 소리 지르시
되 엘리 엘리 라마 사박다니 하시니
이를 번역하면 나의 하나님, 나의 하
나님 어찌하여 나를 버리셨나이까 하
는 뜻이라
35 곁에 섰던 자 중 어떤 이들이 듣고 이
르되 보라 엘리야를 부른다 하고
36 한 사람이 달려가서 해면에 신 포도
주를 적시어 갈대에 꿰어 마시게 하
고 이르되 가만 두라 엘리야가 와서
그를 내려 주나 보자 하더라
37 예수께서 큰 소리를 지르시고 숨지시
니라
38 이에 성소 휘장이 위로부터 아래까지
찢어져 둘이 되니라
39 예수를 향하여 섰던 백부장이 그렇게
숨지심을 보고 이르되 이 사람은 진
실로 하나님의 아들이었도다 하더라
40 멀리서 바라보는 여자들도 있었는데
그 중에 막달라 마리아와 또 작은 야
고보와 요세의 어머니 마리아와 또
살로메가 있었으니
41 이들은 예수께서 갈릴리에 계실 때에
따르며 섬기던 자들이요 또 이 외에
예수와 함께 예루살렘에 올라온 여자
들도 많이 있었더라

34】

35】

36】

37】

38】

39】

40】

41】

요셉이 예수의 시체를 무덤에 넣어 두다
(마 27:57-61; 눅 23:50-56; 요 19:38-42)

42 ○ 이 날은 준비일 곧 안식일 전날이
므로 저물었을 때에
43 아리마대 사람 요셉이 와서 당돌히
빌라도에게 들어가 예수의 시체를 달
라 하니 이 사람은 존경 받는 공회원
이요 하나님의 나라를 기다리는 자라
44 빌라도는 예수께서 벌써 죽었을까 하
고 이상히 여겨 백부장을 불러 죽은
지가 오래냐 묻고
45 백부장에게 알아 본 후에 요셉에게
시체를 내주는지라
46 요셉이 세마포를 사서 예수를 내려다
가 그것으로 싸서 바위 속에 판 무덤
에 넣어 두고 돌을 굴려 무덤 문에 놓
으매
47 막달라 마리아와 요세의 어머니 마리
아가 예수 둔 곳을 보더라

42】

43】

44】

45】

46】

47】

살아나시다
(마 28:1-10; 눅 24:1-12; 요 20:1-18)

16 1 안식일이 지나매 막달라 마리아와
야고보의 어머니 마리아와 또 살로
메가 가서 예수께 바르기 위하여 향
품을 사다 두었다가
2 안식 후 첫날 매우 일찍이 해 돋을 때
에 그 무덤으로 가며
3 서로 말하되 누가 우리를 위하여 무

1】

2】

3】

덤 문에서 돌을 굴려 주리요 하더니
4 눈을 들어본즉 벌써 돌이 굴려져 있
는데 그 돌이 심히 크더라
5 무덤에 들어가서 흰 옷을 입은 한 청
년이 우편에 앉은 것을 보고 놀라매
6 청년이 이르되 놀라지 말라 너희가
십자가에 못 박히신 나사렛 예수를
찾는구나 그가 살아나셨고 여기 계시
지 아니하니라 보라 그를 두었던 곳
이니라
7 가서 그의 제자들과 베드로에게 이르
기를 예수께서 너희보다 먼저 갈릴리
로 가시나니 전에 너희에게 말씀하
신 대로 너희가 거기서 뵈오리라 하
라 하는지라
8 여자들이 몹시 놀라 떨며 나와 무덤
에서 도망하고 무서워하여 아무에게
아무 말도 하지 못하더라

막달라 마리아에게 보이시다
(마 28:9-10; 요 20:11-18)

9 [예수께서 안식 후 첫날 이른 아침에
살아나신 후 전에 일곱 귀신을 쫓아
내어 주신 막달라 마리아에게 먼저
보이시니
10 마리아가 가서 예수와 함께 하던 사
람들이 슬퍼하며 울고 있는 중에 이
일을 알리매
11 그들은 예수께서 살아나셨다는 것과

4】

5】

6】

7】

8】

9】

10】

11】

마리아에게 보이셨다는 것을 듣고도
믿지 아니하니라

두 제자에게 나타나시다(눅 24:13-35)

12 ○ 그 후에 그들 중 두 사람이 걸어서
시골로 갈 때에 예수께서 다른 모양
으로 그들에게 나타나시니
13 두 사람이 가서 남은 제자들에게 알
리었으되 역시 믿지 아니하니라

만민에게 복음을 전파하라
(마 28:16-20; 눅 24:36-49; 요 20:19-23; 행 1:6-8)

14 ○ 그 후에 열한 제자가 음식 먹을 때
에 예수께서 그들에게 나타나사 그들
의 믿음 없는 것과 마음이 완악한 것을
꾸짖으시니 이는 자기가 살아난 것을
본 자들의 말을 믿지 아니함일러라
15 또 이르시되 너희는 온 천하에 다니
며 만민에게 복음을 전파하라
16 믿고 세례를 받는 사람은 구원을 얻
을 것이요 믿지 않는 사람은 정죄를
받으리라
17 믿는 자들에게는 이런 표적이 따르리
니 곧 그들이 내 이름으로 귀신을 쫓
아내며 새 방언을 말하며
18 뱀을 집어올리며 무슨 독을 마실지라
도 해를 받지 아니하며 병든 사람에
게 손을 얹은즉 나으리라 하시더라

하늘로 올려지시다(눅 24:50-53; 행 1:9-11)

19 ○ 주 예수께서 말씀을 마치신 후에

12】

13】

14】

15】

16】

17】

18】

19】

하늘로 올려지사 하나님 우편에 앉으
시니라
20 제자들이 나가 두루 전파할새 주께서
함께 역사하사 그 따르는 표적으로
말씀을 확실히 증언하시니라]

20】

눈으로 읽고 마음으로 옮겨쓰는

마태복음•마가복음

초 판 5쇄 : 2026년 03월 20일
발 행 인 : 황경자
발 행 처 : 도서출판 두돌비
등록번호 : 2006. 8. 17 제 2006-12호
주 소 : 서울시 중랑구 동일로 107길 12
전 화 : (02) 964-6993 | 팩스 : (02) 2208-0153
E-mail : books153@hanmail.net

ISBN 978-89-85583-83-1
* 파본은 교환해 드립니다.